dtv

Es gibt eine Küche, die märchenhaft ist und wenig kostet – außer Zeit und Sorgfalt bei der Zubereitung und Muße beim Genießen. Es gibt eine Küche, die traditionell ist und doch zukunftsweisend. Es gibt eine Küche, die einfach ist und doch reich – an Aromen, an Ideen. Wer sich nach all der Haute und Nouvelle Cuisine nach dieser ursprünglichen Küche sehnt, wer die Gourmandisen unserer Großmütter wiederentdecken will, findet hier phantastische Anregungen. Weil diese Art zu kochen ein Stück Kultur ist, beginnt das Buch mit einem Essay über die Besonderheiten der Landesküche. 120 Rezepte machen Lust zum Ausprobieren: Sie sind leicht nachzukochen, bodenständig, preiswert und am Angebot der Jahreszeiten orientiert. Die einfache Küche verzichtet auf alles Überflüssige und Üppige, auf Sperenzchen und Dekorationen. Prominente Befürworter dieser Küche geben in einem Fragebogen Auskunft über ihre kulinarischen Vorlieben. Stimmungsvolle Photographien, in denen die Atmosphäre eingefangen wird, aus der diese Küchenkultur gewachsen ist, wecken die Lust an der Reinheit der Produkte.

Dr. Eva Gesine Baur hat Germanistik, Kunstgeschichte, Musikwissenschaften und Psychologie studiert und außerdem eine Kochlehre absolviert. Sie arbeitet als Journalistin in vielen Bereichen, schreibt für ›essen & trinken‹ und viele andere Publikumszeitschriften, verfaßt Beiträge fürs Fernsehen sowie Bücher zu kunsthistorischen und psychologischen Themen.

DER REICHTUM
DER EINFACHEN KÜCHE

Frankreich

Von Eva Gesine Baur

Deutscher Taschenbuch Verlag

In der Reihe ›Der Reichtum der einfachen Küche‹ erscheinen außerdem:

Italien (dtv 36040)
Spanien (dtv 36042)
Deutschland (dtv 36043)
Österreich (dtv 36044)
Schweiz (dtv 36045)

Originalausgabe
September 1997
© 1997 Deutscher Taschenbuch Verlag GmbH & Co. KG,
München
Umschlagkonzept: Balk & Brumshagen
Umschlagbild:
›Stilleben mit Wurzelgemüsen und einem Korb mit Erbsen‹ (18. Jhd.)
Produktion und Satz: Verlagsbüro Walter Lachenmann, Waakirchen
Gesetzt aus der Caslon (QuarkXPress 3.32 Mac)
Gesetzt aus der Caslon
Druck und Bindung: Appl, Wemding
Gedruckt auf säurefreiem, chlorfrei gebleichtem Papier
Printed in Germany · ISBN 3-423-36041-0

INHALT

Vom Lebenselixier Bouillon bis zum
Liebesmittel Rosmarin
7

Rezeptteil

Suppen und Eintöpfe – Les soupes et les potages
41

Salzige Torten und Blechkuchen – Les quiches et les tartes
71

Eierspeisen – Les œufs, les omelettes et les crêpes
89

Salate – Les salades
98

Pasten, Pasteten und Terrinen –
Les pâtes, les pâtés et les terrines
109

Gemüsegerichte – Les légumes
126

Fischgerichte – Les poissons
149

Fleisch und Geflügel – Les viandes et les volailles
164

Saucen – Les sauces
196

Kuchen und Süßspeisen–
Les gâteaux, les tartes et les desserts
204

Inhalt

Glossar
217

Rezeptregister
221

Fünf Prominente haben für dieses Buch einen kulinarischen Fragebogen beantwortet:

Olivier Ott, Winzer und Weinproduzent

Virginie Taittinger, Marketing-Managerin und Fernsehmoderatorin

Alain Dominique Perrin, Generalpräsident von Cartier und Weinproduzent

Jean-Claude Bourgueil, Cuisinier

Pierre-Dominique Ponelle, Dirigent

Vom Lebenselixier Bouillon bis zum Liebesmittel Rosmarin

Was ein sinnlicher Gott in Frankreich wirklich essen würde

Liebe und Leidenschaft gehören überall ins Bett.

In Frankreich gehören sie auch auf den Tisch.

Leidenschaftlicher als sonstwo auf der Welt wurde und wird dort das Essen kommentiert, wird die Qualität rezensiert, werden Rezepte diskutiert. In Frankreich wurden und werden Dichter zum Kochen und Köche zum Dichten inspiriert.

Leidenschaft kann bekanntlich wundersame Auswüchse haben. Makabre Auswüchse wie die, daß ein leidenschaftlicher Haushofmeister sich umbringt, weil er meint, für ein Galadiner nicht genügend Fisch zu bekommen. Geschehen im Schloß Chantilly des Prinzen Condé, berichtet von Madame de Sevigné.

Sie kann auch verrückte Auswüchse haben wie bei Messire Alexandre-Balthazar-Laurent Grimod de La Reynière, Rittmeister, Jurist und Journalist, der am 1. Februar 1783 mit Einladungsbillets zum Diner einlud, die auf Todesanzeigen gedruckt waren. Gespeist wurde von Särgen und am Ende des Mahls rief der reiche Adelssproß: »Die Tafel macht uns alle gleich.« Am 7. Juli 1818 wurden die Freunde und Bekannten dann zu Grimod de La Reynières Leichenschmaus berufen, der von dem vermeintlich Verblichenen persönlich eröffnet wurde.

Die Leidenschaft fürs Leibliche kann auch bizarre Auswüchse haben wie bei Talleyrands Leibkoch Antonin Carême, der Architekturtheorien studierte, zu einem Tischbaukünstler wurde und Eßbares in Gestalt von Schlössern und Burgen auf den Tisch stellte.

Die einfache Küche in Frankreich

Liebe und Leidenschaft verführen sensible Seelen eben zu manchen Aktionen, die Außenstehenden übertrieben erscheinen. Besagten Grimod de La Reynière zum Beispiel zur Erfindung der Restaurantkritik – ein schlauer Job, der ihm ermöglichte, sich bei den bekrittelten oder belobigten Lokalen gratis durchzufressen. Seinen Ruhm verfestigte Grimod in einem Mammutwerk, das in periodischen Intervallen über Jahre hinweg erschien: dem ›Almanach des Gourmands‹.[1]

Fragt sich nur: Wer konnte sich die Leidenschaft wirklich leisten? Schließlich hat der Moralist Chamfort grimmig bemerkt: »Die Gesellschaft hier besteht aus zwei großen Klassen: die einen haben mehr Essen als Appetit, die anderen haben mehr Appetit als Essen.«

Wie war es mit der Leidenschaftlichkeit bei denen bestellt, die abends mit schwieligen Händen das Brot brockten? Galt die Passion derer, die mit manikürten Händen tafelten, nur dem Exzessiven und Exklusiven? Oder entbrannten die Franzosen auch für das einfache Leben? Und: Wie leidenschaftlich kochten die Hausfrauen im Schatten der ruhmreichen Köche?

»Die Liebe eines Mannes wird im Bett gewonnen und bei Tisch erhalten.«

Die Hausfrau, die das verkündete, wußte, wie wichtig das mit dem Erhalten war; schließlich umschwirrte die Marquise de Pompadour, Maîtresse Ludwigs XV., jede Menge junger Konkurrenz. Der Teenie-Nachwuchs verdrängte die Pompadour zwar aus dem Bett des Königs, aber weder aus dessen Herz noch von dessen Tisch. Die Pompadour war ganz offensichtlich der Ansicht, sie müsse sich den Gunsterhalt mit gaumenfreundlichen Mitteln eine Menge kosten lassen: Die Rezepte ihrer hochgerühmten Küche geizten weder mit Trüffeln noch mit feinstem Wild. Nach dem Tod der Pompadour übernahm die Gräfin Dubarry die Regie über des Königs Vergnügungen, auch über die kulinarischen. Aber da gab es vor allem eins: Blumenkohl in zig Variationen.

Die einfache Küche in Frankreich

Zum Beispiel die Soupe Dubarry, eine schlichte Kartoffel-Blumenkohl-Suppe mit Sahne. Oder pochierte Eier nach Art der Dubarry, die sich auf einem Bett aus Blumenkohlpüree wälzten. Aber die Schöne war eben nicht nur das uneheliche Kind einer Köchin, groß geworden zwischen Waschfrauen, Dienstmägden, Kutschern und Stallknechten, sondern sie vergaß das, im Gegensatz zu anderen Maîtressen, auch ein Leben lang nie. Zynisch, daß gerade sie auf dem Schafott endete.

Die Leidenschaft fürs Einfache, die Liebe zu den billigen Gerichten, kredenzt ohne Tafelsilber und Bordeaux-Karaffen: Sie hat in Frankreich gerade die Reichen und Mächtigen, die Berühmten und Beneideten immer wieder gepackt.

Oft zu einem ungünstigen Zeitpunkt: Hätte Ludwig XVI. auf der Flucht nach Varennes im lothringischen Sainte-Menehould nicht so ausgiebig den Schweinsfüßen zugesprochen, wäre er vielleicht davongekommen.

Sogar die ganz erlesenen Geister haben sich der Lust am Einfachen nicht entziehen können: Marcel Proust, zum Beispiel, hat sich nicht nur für einen sehr aufwendigen Risotto mit Krebsfleisch begeistert und für einen heimtückisch sich ärmlich gebenden Makkaroni-Auflauf, der aus Trüffelspänen sein Aroma bezog, sondern auch für schlichte Brunnenkressesuppe. Und wie sehr ihn das Aroma einfachen Buttergebäcks erotisierte, belegt seine legendäre Beschreibung vom Genuß der Madeleines zu einer Tasse Lindenblütentee. Das reichte aus, daß ihn »ein unerhörtes Glücksgefühl« durchströmte, »das ganz für sich bestand und dessen Grund mir unbekannt blieb«.[2]

Die erotisierende Wirkung der einfachen Genüsse hat keinen Berufsstand verschont. Sie packte Philosophen wie Montesquieu, vermeintlich trockene Juristen wie den Gerichtspräsidenten Brillat-Savarin genauso wie den modernen Strukturalisten Roland Barthes, der sich über Eß-Mythen und

Die einfache Küche in Frankreich

den national-patriotischen Charakter von Pommes frites den klugen Kopf zerbrach. Besonders heftig packte sie Bestsellerautoren, von Balzac über Dumas bis hin zu Colette, so als müsse deren emsige Produktion angefeuert werden durch brennende Leidenschaft fürs Essen. Thomas Mann wäre nie auf die Idee verfallen, dem Münchner Viktualienmarkt einen Roman zu widmen, aber Émile Zola schien es naheliegend, den »Halles«, den Markthallen von Paris, in seinem Opus ›Der Bauch von Paris‹ ein gewaltiges Denkmal zu setzen.[3]

Alexandre Dumas père hat mit 302 Romanen schon zu Lebzeiten gutes Geld gemacht. Sein zumindest vom Umfang her gewichtigstes Werk, 600 Seiten dick und reich bebildert, erschien allerdings erst postum, 1873: der ›Grand Dictionnaire de Cuisine‹. Darin entzündet er sich zwar für manche komplizierte und einige kostspielige Delikatessen, aber eben auch für einen »Potiron à la Parmesan«: in Butter geschmorter, mit Muskat und Zimt gewürzter Kürbis, der mit frisch geriebenem Parmesan serviert wurde.

Dieses Bedürfnis nach dem Normalen, dem Einfachen, haben sich die verwöhntesten und exaltiertesten Gourmets in Frankreich erhalten. Und es hat seinerseits die alten Traditionen erhalten, aus billigen Zutaten unbezahlbare Gaumenfreuden zu schaffen. Immer wieder gab es Mahner, die warnten vor der Sorte Kochkünstelei, die den Geschmack der Dinge unter Affektiertheiten begräbt. Jean-Jacques Rousseau zum Beispiel, der auch kulinarisch seine Devise »Zurück zur Natur« untermauerte und schon in seinem Erziehungsroman ›Émile‹ im Jahr 1762 beklagte, daß die Franzosen vor lauter Verfeinerung »nichts mehr vom Essen verstehen, da es einer besonderen Kunst bedarf, ihnen das Essen schmackhaft zu machen«. Vor allem aber Deutschlands erster Küchengelehrter, Karl Friedrich von Rumohr, wetterte in dem ›Geist der Kochkunst‹ bereits 1823 gegen die »Überfeinerung« bei den Franzosen. »Die französische Küche ist von alters her und ge-

genwärtig von Neuem auf dem Abwege der Übermischung.« Ihr Stil sei »der überfeinerte, gleißende, der die Ernährung, den Gehalt, mehr und mehr vernachlässigt, alles in die Zierde und Zurichtung setzen wird«.[4]

Die absurde, noch immer praktizierte Marotte der Haute cuisine, Gemüse zu tournieren, das heißt zu geometrischen Formen zurechtzuschnitzen, lassen Rumohrs Worte geradezu prophetisch erscheinen.

Aber auch Maurice-Edmond Sailland, der sich Curnonsky nannte und selber zum »prince des gastronomes« erhob, warnte ausdrücklich vor solchen Tendenzen. In den 20er Jahren reiste er zusammen mit Marcel Rouff kreuz und quer durch Frankreichs Provinzen, um das kulinarische Erbe des ländlichen Frankreich zu dokumentieren. Jede authentische Spezialität, jedes traditionelle Armeleutegericht, jede lokale Zubereitungsart nahm er auf in seine Buchreihe ›La France Gastronomique‹, die am Lebensende des Gastronomie-Prinzen 28 Bände umfaßte. Liebe und Leidenschaft waren in großem

Ausmaß nötig für dieses Unterfangen, wo oft das Heiße, was der Mensch angeblich täglich braucht, nur in heißen geplatzten Reifen und kochenden Kühlern bestand. Das alles diente nur dazu, das Glaubensbekenntnis des Monsieur Curnonsky zu verbreiten: »Gut sind Speisen, die nach dem schmecken, woraus sie bestehen.«

Letztlich ist es jedoch nicht den Reichen, sondern den weniger Begüterten zu verdanken, daß sich der Reichtum der einfachen Küche in Frankreich erhalten hat. Während die Adligen nämlich das Essen immer mehr ästhetisierten und damit von der elementaren Lust entfernten, blieb das Volk sich selbst und den Produkten treu. Es wollte nicht, daß Essen etwas repräsentiert, sondern daß es stärkt und schmeckt. Die Kultur der einfachen Küche retteten die Schafhirten, die auch die Leber, die Füße und Kutteln zu verwenden wußten; die Bauern, die das, was auf ihren mehr oder weniger vom Klima verwöhnten Äckern wuchs, nutzten und im Winter ihre Phantasie spielen ließen, um gesund durch die harte Zeit zu kommen mit Wurzelgemüsen, Linsen und Eintöpfen; die Hausfrauen mit magerem Haushaltsgeld, diese namenlosen Meisterinnen der Resteverwertung, die Frankreich eine üppige Vielfalt an Suppen, Eintöpfen, Aufläufen, Gratins und Pasteten beschert haben. Und die weder Zeit noch Nerven für aufwendige Verfremdungen und absurde Kombinationen hatten. Ihre Liebe und Leidenschaft galt dem Glücksgefühl, das ein gutes Essen auslöst. Und sie wurde genährt von der Überzeugung, das sei der Kraftstoff, der müde Männer, abgerackerte Mütter und matte Kinder stärke.

»Faire l'amour« ist eben nicht das einzige Vergnügen, bei dem Geld keine Rolle spielt.

Die aphrodisische Kraft der Kräuter

Kompensation ist der Schlüssel zu vielen Karrieren und Aktionen, zu vielen Rätseln und Wundern. So erschließt sich zum Beispiel das Leben des Grimod de La Reynière, der mit zwei monströsen Klauen statt Händen zur Welt kam – Syndaktylie nennt die Medizin diese Verstümmelung – und zugleich zum Priester sinnlicher Orgien wurde.

Henri de Toulouse-Lautrec, der als Kind durch einen Unfall zum Krüppel geworden war, gab in Paris zeitweise als feste Adresse sein Lieblingsbordell an. Er kompensierte seine äußerlichen Mängel mit sinnlicher Lebenslust: nicht nur durch Liebes- und Malkunst, sondern auch durch Kochkunst. Bei seinem ehemaligen Mitschüler Maurice Joyant, der Verleger und Kunsthändler geworden war, bringt er das farbig illustrierte Kochbuch ›L'art de la cuisine‹ heraus. Und der Maler findet sprachlich zu Bildern, die seine sinnliche Leidenschaft für köstliche Aromen hinreißend zum Ausdruck bringen.

»Ihr Garten«, empfiehlt er dem Leser, »sollte durch Gemüsepflanzen und aromatische Kräuter belebt sein ... Frisch gepflückt, haben die Pflanzen einen so unvergleichlichen Geschmack, daß die aufgetragenen Gerichte gleichsam zu singen beginnen.«[5]

Sicher hat auch gerade er geglaubt an die angeblich aphrodisische Kraft der Kräuter, die in Frankreich, vor allem im kräuterreichen Süden, nie vergessen wurde. Und denen auch aus diesem Grund soviel Liebe und Leidenschaft in der Küche gewidmet wurde. Auch wer nicht wußte, daß der griechische Name des Kerbels, chairephyllon, »Kraut der Freude« heißt, wußte, welche Freuden dieses Kraut beschert. Es gehörte zur Grundausstattung gallisch-französischer Küchengärten. Und Frankreich ist bis heute führend im Kerbelkonsum.

Olivier de Serres, der Begründer der französischen Landwirtschaftstheorie, hat bereits im 17. Jahrhundert 40 verschiedene

Die einfache Küche in Frankreich

Kräuter aufgelistet, die in jeden Küchengarten gehören. Und François Pierre de La Varenne, der Vater der eigentlichen französischen Küche, hat in sein Kochbuch ›Le Cuisinier François‹ schon 1651 nicht nur viele Rezepte mit vielen Kräutern aufgenommen, er führte auch das Bouquet garni ein, das Kräutersträußlein zum Mitkochen, -braten oder -schmoren, das auch dort für grüne Würze sorgt, wo man sie auf dem Teller nicht mehr sieht. Denn das Bouquet wird vor dem Servieren entfernt.

Das Wissen, daß Majoran im Hortus Veneris, dem legendären Garten der Venus, wuchs, die im Olymp das Ressort Liebe, Verführung und Fruchtbarkeit betreute, hatten die Römer vor allem in Südfrankreich an die Franzosen vererbt. Rosmarin galt von alters her als ein Kraut, das im allgemeinen und im besonderen aufrichtet und im provenzalischen Volksglauben eine wahrlich herausragende Rolle spielt; auch Petersilie, Basilikum und Salbei genießen den Ruf, nicht nur die Bekömmlichkeit, sondern auch Lust, Liebe und Potenz zu fördern. Pierre Bourdeille, französischer Homme des femmes im Nebenberuf, im

Die einfache Küche in Frankreich

Hauptberuf Abt und Herr von Brantôme, gab in seinem Band über ›Das Leben der galanten Damen‹ einschlägige Hinweise, was die Natur alles an wertvollen Substanzen liefere, um den Frauen zu ihren natürlichen Rechten zu verhelfen.

Auch wenn die meisten dieser rezeptfreien Aphrodisiaka nicht mehr als kräftige Vitamine diverser Art und ätherische Öle zu bieten haben und ihnen deswegen von nüchternen Geistern liebesfördernde Wirkung abgesprochen wird: Glaube versetzt bekanntlich Berge, und Aberglaube versetzt zumindest kleinere Erhebungen in Bewegung. Die Freude am Kochen mit kräftigen Aromaten der Natur, ob da Kräuterpasten, -saucen, -krusten, -füllungen oder -mäntel gezaubert werden, hat sicher auch zu tun mit dem französischen Sinn für Wohlgeruch: Es war und ist in Europa das Land des Parfums. Das Parfum der kulinarischen Gelüste darf ruhig deftiger sein, fanden die einfachen Leute. Die komplizierteren, die sich für feiner hielten, versuchten, altes Kräuterwissen zu verdrängen. Trotzdem hat sich der aphrodisische Ruf von Kräutern herumgesprochen bis in moderne wissenschaftliche Kreise. Sogar eine nüchterne Ernährungspsychologin wie Gisela Gniech führt in ihrem Buch über ›Essen und Psyche‹[6] im Kapitel über Aphrodisiaka brav diverse Kräuter auf – von Bohnenkraut und Basilikum über Estragon, Kerbel, Kresse und Liebstöckel bis hin zu Oregano, Pimpernelle, Rosmarin, Salbei, Thymian und Ysop. Und meint, es handle sich bei aphrodisierenden Speisen eben meistens um heißmachende, also durchblutungsfördernde, nicht um kühlende. So haben das die Liebestrankmeister vor einem halben Jahrhundert auch bezeichnet.

Maurice Mességué knüpfte direkt an die alten Kräutertraditionen seiner Heimat in der Gascogne an, wo er schon in den 50er und 60er Jahren als Naturarzt Karriere machte. Vom Rosmarin sagt er, er tauge »zur Wiedererweckung von Liebesglut reiferer Damen und schwächerer Herren«.[7] Besonders wirksam ist nach Mességué auch das Bohnenkraut, das seinen französischen Namen – sariette – vom lateinischen satureia hat, der sich ableiten soll vom Satyr, einem bekanntlich grenzen- und hemmungslos triebhaften Wesen. Das Wissen von Kräutern wird leider selten schriftlich, sondern meistens mündlich und recht unklar weitergegeben. »Mein Vater«, schreibt Mességué, »schätzte das Bohnenkraut sehr und sagte wiederholt zu mir: ›Weißt du, es gehört zu den Glückskräutern.‹ Eines Tages aber hörte ich, wie Abbé Tarride, der Pfarrer von Gavarret, zu meinem Vater sagte, daß man früher den Mönchen das Anpflanzen von Bohnenkraut und Senfkohl im Klostergarten untersagt habe ... Erst später erfuhr ich, daß all jene Kräuter, die mein Vater ›Glückskräuter‹ nannte, der Liebe förderlich sind.«[8]

Im Gegensatz zu seinem Vater hat der Naturarzt dieses Wissen so bereitwillig in zahlreichen Büchern unters Volk gestreut wie Bohnenkraut und Rosmarin übers Essen. Und er ließ an Deutlichkeit nichts zu wünschen übrig.

»Ich behaupte, daß ein Paar, das sein Leben lang eine anregende Nahrung mit Knoblauch, Zwiebel, Sellerie, Fenchel, Salbei und Bohnenkraut zu sich genommen hat, mehr Chancen hat als ein anderes, eheliches Glück zu erleben.«[9]

Das erklärt vielleicht die vielen glücklichen Leute, speziell in der Provence.

Kräuter sind die Finesse der einfachen Küche. Und wer sie beherrschen will, braucht wenigstens einen Kräutergarten und sei es nur einer am Fensterbrett. Denn mit den Kräutern ist es wie mit der Liebe: grün sind zwei sich nur, wenn sie nicht ausgetrocknet sind, sondern voll im Saft stehen.

Von der Passion für Pasteten und Pürees

»Die Franzosen sind«, schimpfte Karl Friedrich von Rumohr, »wenn nicht Erfinder, so doch Verbreiter aller Gehäcksel und Vermengungen. Wenn man diese liebt, so kehre man doch zur

Quelle zurück, denn man wird sie dort noch immer reiner, einfacher und zweckmäßiger vorfinden, als bei dem Gesindel der Nachahmer.«[10]

Inbegriff dessen, was Rumohr als »Gehäcksel und Vermengung« schmäht, ist sicher die Pastete. Und sie ist für die meisten Nicht-Franzosen zugleich Synonym für hohe, kostspielige und zeitwaufwendige Kochkunst, denn sie denken meistens an Pasteten und Terrinen aus foie gras, aus Enten- oder Gänsestopfleber, wenn möglich noch getrüffelt. Aber die ist eine Erfindung des dekadenten, zu Ende gehenden 18. Jahrhunderts, vom Straßburger Pasteten-Bäcker Jean-Pierre Claus um 1780 erfunden – gerade noch rechtzeitig, um vom Adel zur neuen Leibspeise erkoren zu werden, die heute viele als Perversion empfinden. Viele denken beim Stichwort »Pastete« auch an die abenteuerlichen Kreationen des Antonin Carême, an dessen eßbare Architekturen aus Pasten und Teigen und Zuckerwerk. Beides aber sind Phänomene, nein: Symptome einer Endzeit. Und danach folgte, trotz der Schlemmerorgien vieler Revolutionäre, doch die Rückbesinnung auf ursprüngliche Formen. Und ursprünglich waren die pâtes, pâtés und terrines Armeleuteessen. Ideal geeignet zur Resteverwertung. Auch wenn vor allem Katharina von Medici bei ihrer Verheiratung mit dem späteren König Heinrich II. neben zahlreichem Küchenpersonal einen italienischen Hackbraten namens Polpetta nach Paris gebracht hatte, wenngleich die Pasteten sogar ihren Namen haben von der italienischen Pasta: Zentrum der Pastetenbäcker wurde Straßburg. Denn dort hatte es schon vor Katharina eine Pastetenkultur gegeben. Nicht aus jener adligen Langeweile geboren, die nur noch herumzuspielen wußte mit dem Essen, sondern aus Not. Daß die Straßburger sich der Urheberrechte rühmen dürfen, ist juristisch verbrieft: 1559 wurde ein Hans Mummien zu 30 Kreuzern Strafe verdonnert, weil er am heiligen Sonntag vor Pfingsten »Pasteten und Tarten«

Die einfache Küche in Frankreich

verkauft hatte. Gerichtlich auffällig wurden die Pastetenbäcker häufig. Daß es dabei gar nicht so sehr um Fleisch ging als um vegetarische Zutaten, ist ebenfalls auf diesem Weg überliefert: Per Polizeibefehl wurde einigen, anscheinend übereifrigen Pastetenbäckern verboten, in der Karwoche Eier und Milch zu beziehen, um ihnen feiertägliche Arbeit unmöglich zu machen.

Daß die Franzosen große Fleischesser sind, hat schon Diderot in seiner ›Encyclopédie‹ nicht eben begeistert notiert: »Brot und Metzgerfleisch« sei die Hauptnahrung. Fleisch war jahrhundertelang das Symbol für Kraft, Stärke und Reichtum. Der bizarre Grimod de La Reynière beschrieb im Ton unverhohlener Bewunderung, freilich gewürzt mit einer Prise Spott, die Bibliothek eines gewissen Monsieur Leblanc in Paris, wo sich Seite an Seite dessen Lieblingswerke drängten: 1800 ganze Schinken. Grimod de La Reynière taufte das Rindfleisch »Fleisch der Könige«, und die konnten es sich auch leisten.

Die einfache Küche in Frankreich

Fleisch, zumindest die feinen Teile, war eben immer die Kost der Herrschaften.

Kein Wunder also, daß die weniger Begüterten nach Patentrezepten suchten, ihre fleischlichen Gelüste mit weniger Geld zu befriedigen. Und da gab es neben den Innereien und Extremitäten eben die Pastete. Noch im 17. Jahrhundert war die Pastete ein Essen für einfache Leute. Und die qualitätvolle Vorform des Fast food: In Straßburg gab es an jeder Straßenecke Pastetenbuden, vor denen sich bis spät in die Nacht die Kunden drängelten. Weil das der Obrigkeit etwas ungemütlich und unübersichtlich wurde, ließen sie mit einer speziellen Pasteten-Glocke vom Münster aus Punkt 22 Uhr den Ladenschluß für die Buden läuten.

Mit der Tradition der Pâté maison, der Pastete nach Art des Hauses, haben allerdings die französischen Hausfrauen die wahre, echte, einfache, zuweilen auch derbe Pastete von Generation zu Generation gerettet. Und als das begriffen, was sie sein soll: ein herzhafter Imbiß zum frischen Brot.

Was vor den Zeiten der Zahnhygiene und -prothese die Fleisch- und Geflügelpasteten zusätzlich interessant machte für den Hausgebrauch: sie ließen sich auch zahnlos leicht verzehren, im Gegensatz zu Braten und Geflügel. Diesen Vorteil bietet auch die gesamte Vielzahl der Pürees. Ob rein gemüsiger Natur oder mit Hackfleisch oder Stockfisch angereichert.

Die ›Frères Provençaux‹, die drei provenzalischen Brüder, die in Paris eines der ersten Restaurants im modernen Sinn eröffneten, hatten aus opportunistischen Gründen schnell die provenzalischen Spezialitäten zugunsten teurer Elitespeisen aus dem Programm genommen. Denn bei ihnen verkehrten die Helden der Revolution von Mirabeau über Danton bis Saint-Just. Und die wollten ihre Heldenkräfte gerne mit denselben Mitteln stärken wie früher der Adel. Das hat Büchner in seinem Stück über ›Dantons Tod‹ authentisch wiedergegeben. Da sagt der Zweite Bürger: »Danton hat ein schönes

Die einfache Küche in Frankreich

Haus, Danton hat eine schöne Frau, er badet sich in Burgunder, ißt das Wildbret von silbernen Tellern, schläft bei euren Weibern und Töchtern, wenn er betrunken ist. Danton war arm wie ihr. Woher hat er das alles?«[11] Die »Brandade«, das bewährte provenzalische Püree aus Stockfisch, Kartoffeln und Knoblauch, wurde allerdings nicht gestrichen. Das hätten wohl doch einige als Landesverrat empfunden. Und vielleicht hätte demonstrativer Brandade-Verzehr Danton nebst Kumpanen den Kopf gerettet.

Das Kartoffelpüree stieg jedoch nur sehr langsam auf zu dem Klassiker, der es heute ist. Erst unter Ludwig XVI. war die Kartoffel nach Frankreich gekommen, noch dazu mit deutscher Hilfe: In deutscher Gefangenschaft hatte der Militärapotheker Parmentier die Kartoffel kennengelernt und dann in seiner Funktion als Agronom dem König schmackhaft zu machen versucht als ideale Kost für Arme. Seine Zeitgenossen griffen dieses Argument bereitwillig auf, um damit die Kartoffel auf zynische Weise zu denunzieren. In der einfachen Küche schaffte sie aber den Aufstieg rasch, weil Kartoffelessen als Kennzeichen der political correctness galt: Die Jakobiner erklärten den Verzehr von Kartoffeln zur nationalen Tugend im Zeichen kollektiver Sparsamkeit. Demonstrativ nannte sich auch das erste von einer Frau verfaßte Kochbuch Frankreichs ›La Cuisinière Républicaine‹ – die republikanische Köchin. Denn die jakobinertreue Autorin, Madame Mérigot, verriet darin ausschließlich Kartoffelrezepte. Und setzte sich wohl durch. 1867 jedenfalls fanden sich unter den 365 Menüvorschlägen, die der Baron Brisse herausbrachte, 62 Kartoffelbeilagen.[12]

Im Lyonnais allerdings wurde der Kartoffel schon früher die gebührende Ehre zuteil und außerdem der Ehrentitel »Trüffel der Armen«. Stendhal berichtet von einem Aufenthalt in Lyon, er habe dort 22 verschiedene Kartoffelgerichte gezählt. Und gerade in Gestalt von Püree, vermischt mit Zwiebeln oder Karotten, machte die Kartoffel als Beilage Karriere. Der Bretone Jean Ferbiot, Gourmet und Journalist, betont, daß die Überlegenheit der Lyoner Küche darauf beruhe, leckere und leichte Gemüsepürees zu bereiten. Nur dort habe man das Geheimnis der Pürees bewahrt, vom Kartoffelpüree über das Rüben-, Bohnen- und Linsenpüree bis hin zum Karottenpüree. Und selbst in der Provence, wo der italienische Einfluß stark und der Hang zu »Gehäcksel und Vermengung« entsprechend schwach ist, wird ein Auberginenpüree geliebt.

»Der teigige Geschmack, die naturbedingte Fadheit und die ungesunde Natur dieses unverdaulichen blähenden Nahrungsmittels hat zu einer Ablehnung in den vornehmen Häusern geführt und die Kartoffel zurückverwiesen an die Menschen, deren derber Gaumen und unempfindlicher Magen mit allem zufrieden ist, was Hunger lindern kann«, schrieb Le Grand d'Aussy in seiner ›Geschichte des Privatlebens der Franzosen‹ (L'Histoire de la Vie Privée des Français).

Erst die Not brachte manche zur Raison und zur Kartoffel. Edmond de Goncourt schrieb während der preußischen Belagerung von Paris, wo die Feinde die Lebensmittelversorgung erfolgreich unterbunden hatten, in sein Tagebuch: »Was die Massenware Kartoffeln und Käse betrifft, von der sich normalerweise die Armen ernähren, existiert Käse nur noch in der Erinnerung, und um an Kartoffeln heranzukommen, muß man schon Freunde in gehobenen Positionen haben und auch dann zahlt man zwanzig Francs für einen Scheffel.«[13]

Daß sie heute klassen- und grenzenlos geliebt wird, verdankt sie vor allem ihrem sanften, geschmeidigen und anpassungsfähigen Wesen in Breigestalt.

Die einfache Küche in Frankreich

Die Leidenschaft für hilfreiche Knollen und Zwiebeln

Vornehmheit macht sich gut, macht aber nicht unbedingt lustig, geschweige denn lustvoll oder lüstern.

Vornehme Franzosen haben sich zum Beispiel lange selber des Vergnügens beraubt, das Knoblauch heißt und alle Freunde der einfachen Küche immer erfreute. Um 1900 erschien das berühmte Kochbuch der Madame de Saint-Ange, wo Zwiebel und Knoblauch nur dezent erwähnt werden, aber nie verwendet. Und sie empfiehlt, beides nur zu verwenden, wenn die Gäste dazu vorher ihre Einverständniserklärung gegeben hätten. Von ärztlicher Seite ist dieser Rat geradezu unverantwortlich. Und aus der Sicht eines Partnerschaftspsychologen auch. Der Naturarzt Maurice Mességué bekannte: «Für mich ist Knoblauch untrennbar mit Vitalität verbunden. Bei uns in der Gascogne zerreibt man bei einer Taufe eine Knoblauchzehe auf der Zunge des Täuflings und gießt ein Tröpfchen Armagnac nach. So ist er für die Wechselfälle des Lebens gerüstet.»[14a]

Vor allem für die, die erst etwas später aktuell werden. Aber offenbar bleiben die Säuglinge der Gewohnheit lange genug treu. Auch Heinrich IV., schreibt Mességué, sei auf diese Weise getauft worden und habe die Gewohnheit beibehalten, »bei großen Gelegenheiten eine Knoblauchzehe zu kauen und einen Schluck Armagnac nachzutrinken. Solche großen Gelegenheiten boten sich ›unserem Heinrich‹ recht häufig bei der Eroberung der holden Weiblichkeit. Und da es eine ganze Menge Frauen in seinem Leben gab, hat er eine erhebliche Zahl an Knoblauchzehen verspeist.«[14b] Damit immerhin machte der König Schule. Leider nicht bei seinen Nachfolgern auf dem Thron: Ludwig XIV. verbot das Hissen von Knoblauchfahnen in seinem Umkreis, aber beim Volk hatte er da glücklicherweise nichts zu vermelden. Die ließen sich nicht einfach die Zehen vom Brot oder aus der Suppe nehmen.

Die einfache Küche in Frankreich

»Bei mir daheim«, sagt Mességué, »habe ich Schürzenjäger gekannt, die nach dem Beispiel des guten Königs Heinrich jeden Tag beim Aufwachen eine Knoblauchzehe kauten, um so für die Beutezüge des Tages Vorsorge zu treffen.« [14c]

Sicher kein Zufall, daß mit zunehmender Affektiertheit und Kompliziertheit der aristokratischen Küche auch der Sinn für den Knoblauch verlorenging. Wahrscheinlich hätte man zur Zeit der Revolution Monarchisten am knoblauchfreien Atem identifizieren können. In ländlichen Gegenden, zumindest südlich der Loire und vor allem in den mediterranen Provinzen blieb die Tradition so ungebrochen wie die Liebe zu dem »Huhn mit 40 Knoblauchzehen«.

Auch Zwiebeln und Schalotten hält Mességué für wahre Geschenke der Aphrodite. »Man spricht der Zwiebel aphrodisische Wirkung zu, und es ist durchaus richtig, daß die Zwiebel der Liebe förderlich ist, da sie aufgrund der blutreinigenden Eigenschaften den Damen einen hübschen Teint verleiht.« [15]

Wohl eher Frauen als Damen: Historisch betrachtet war die Zwiebel in den sich höher wähnenden Kreisen zumindest zu Zeiten von Ludwig Nr. 14 bis 16 ein Nobody; abgesehen von Ausnahmen wie dem General Soubise, der offenbar außer Süßspeisen nichts ohne Zwiebel essen mochte und weniger durch militärische Erfolge, als durch seine Sauce Soubise aus gehackten Zwiebeln unsterblich wurde.

Aber damit ist die Gartenapotheke des Maurice Mességué keineswegs erschöpft.

Wer nicht platzen will vor Manneskraft und Liebeslust, kann sich an die Karotte halten. Denn sie ist, Mességué zufolge, deswegen »ein privilegiertes Gemüse in unseren Gärten, weil sie, wie man sagt, liebenswürdig macht.«[16]

Besonders intensiv widmet er sich aber dem stimulierenden Effekt simpler Sellerie, der in Frankreich seit Jahrhunderten sprichwörtlich ist.

»Si la femme savait ce que célerie vaut à l'homme,
elle en irait chercher jusqu'à Rome.«

Wenn eine Frau wüßte, was ihrem Mann Sellerie bedeutet, würde sie bis nach Rom danach suchen.

Diese volksmündliche Behauptung ist in Mességués Augen absolut zutreffend: Er erklärt, apium graevolens, wie sich Sellerie botanisch nennt, sei »ein Aphrodisiakum, das die Geschlechtsdrüsen anregt«. Und er referiert eine Legende, die behauptet, »daß der Liebestrank von Tristan und Isolde eine beträchtliche Dosis Sellerie enthalten habe«.[17] Die Dichtung über die beiden stammt bekanntlich von Gottfried von Straßburg, der französische Aphrodisiaka kannte.

Und im Gegensatz zu Zwiebel und Knoblauch fand die Sellerie mit anderem Wurzelgemüse und der stimmungsaufhellenden, liebesfördernden Fenchelknolle auch bald durch den

Dienstboteneingang Zutritt zu aristokratischen Häusern: Im 18. Jahrhundert durfte sie also auch dem dafür ausgesprochen bedürftigen Ludwig XV. beim persönlichen Wiederaufbau helfen. Sellerie soll übrigens in beiden Gestalten wirken, in denen sie in der einfachen Küche Verwendung findet: als Knolle wie als Stange. Durchaus anschaulich, daß der Stangensellerie noch mehr zugetraut wird, was die Stärkung männlichen Standvermögens betrifft. Aber in beiden Formen enthält sie, was ein unternehmender Mensch braucht: Magnesium, Kalzium, Eisen und Phosphor. Der im apium graevolens enthaltene Wirkstoff Apiol, der erst in den letzten Jahren chemisch identifiziert wurde, ist mittlerweile auch von Laborgläubigen als sexuelles Stimulans anerkannt worden.

Die erwähnte, nicht eben legendenanfällige Ernährungspsychologin Gisela Gniech jedenfalls ermuntert Interessenten, ein Liebesmenü mit Knoblauch- oder Selleriesuppe zu beginnen. Und als Hors d'œuvre eine Omelette mit Estragon zu servieren.[18]

Zumindest Maurice Mességué könnte man dazu einladen.

Daß dieser viele hochrangige Politiker Frankreichs unter seinen Patienten hatte, sollte allerdings nicht zu falschen Spekulationen Anlaß geben.

DIE WOLLUST DES SAMTGEFÜHLS

Veloutés nennt die feine Küche ihre sämigen sahnigen Suppen. Aber das, was die zu Gaumenschmeichlern macht, kennt auch die einfache Küche: Butter, Sahne, Schmalz und Öl – je nach Region.

Colette offenbarte, Fett sei für sie »Wärme und vitale Glückseligkeit«.

Womit sie allerneueste Erkenntnisse der Ernährungspsychologie vorausnahm; die Psychologin Gisela Gniech untersuchte die Bedeutung der Nahrungskonsistenz auf den Appetit. Besonders angenehm wurden folgende Texturen empfunden: Mundausfüllendes wie Milch, Sahne und Eierlikör, Geschmeidiges wie cremige Suppen und fette Desserts. Was Fett enthält, fand sie heraus, verursache ein »gutes Mundgefühl«. Wer sich das versagt und bewußt das Fett verkneift, den überfällt irgendwann ein schamloser Heißhunger auf Chips, Milchshakes oder Schokolade. Das heißt, das Fett wird in versteckter Form nachträglich geholt. Klüger und gesünder also, es bewußt zu sich zu nehmen.

Colette wußte die Wonnen zu schätzen, die auch simple Genüsse bescheren, wenn sie gut gemacht – und eben nicht zu mager sind. »Der wahre Feinschmecker«, ermahnte sie die schicke Leserschaft eines eleganten Frauenjournals, »ist derjenige, der sich an einem Butterbrot genauso delektiert wie an gegrilltem Hummer, wenn die Butter erstklassig und das Brot gut durchgebacken ist.«[19]

Ihr Kollege Alexandre Dumas père betonte in seinem

›Dictionnaire de Cuisine‹ stolz, daß es ihm auf allen Reisen gelungen sei, täglich an frische Butter zu kommen, ob sie von der Stute, der Kuh, dem Schaf, dem Kamel oder der Ziege stammte. Und Kollege Balzac konstatierte lakonisch: »Ein Stück Schwarzbrot und ein Krug Wasser stillen Hunger und Durst jedes Menschen. Aber unsere Kultur hat die Gastronomie erschaffen.« Und die beginnt, wenn Butter aufs Brot kommt ... oder in die Sauce. Die hatte ihren Namen allerdings erst verdient, als im 17. Jahrhundert das Einkochen von Brühen und Bratensäften und das Anreichern mit Sahne und Butter üblich wurde. Im Mittelalter waren sie mit Essig, Wein oder Sauermost zubereitet worden. Zum Kult und zum Kennzeichen französischer Kochkultur wurden sie erst, als sie etwas fetter wurden.

Die Liebe zur eigenen Küche ist in Frankreich größer als der Ernst in Sachen Nationalheiligtum. In einer gastronomischen Persiflage auf die Nationalhymne, sangen die Leute in Bordeaux um die Restaurationszeit:

>»Quoi! des cuisines étrangères
>Viendraient gâter le goût français!
>Leurs sauces fades ou legères
>Auraient le veto sur nos mets!
>Dans nos festins quelle déroute!
>Nous ne pourrions plus nous nourrir
>Que des fromages ou de choucroute.«

Was! Ausländische Küchen kämen
den französischen Geschmack zu verderben!
Ihre faden oder dünnen Saucen
hätten ein Einspruchsrecht gegen unsere Gerichte!
Was für ein Niedergang bei unseren Festlichkeiten!
Wir könnten uns nur noch ernähren
von Käse und Sauerkraut.

Die einfache Küche in Frankreich

Käse und Sauerkraut als letzte Reservate der unbeeinträchtigten Küche hätten zumindest den einen Vorteil gehabt: Fett ist dran. Im Käse steckt es ohnehin, ans Sauerkraut kommt es mit Hilfe von Schweinshaxe, -schwarte oder -schmalz ebenso.

Dünne, leichte, magere Saucen sind für Franzosen, allen Bemühungen des großen besternten Schlankheitsapostels Michel Guérard zum Trotz, eben keine Saucen. Und die sahnigen sind, weil sie auf delikateste Weise das urmenschliche Gefühl nach besagtem »guten Mundgefühl« befriedigen, sogar gesund. Daß Fett ein Geschmacksträger ist, braucht einem Franzosen nicht gesagt zu werden. Magerkäse haben dort keine Chance. Aber Fett in jeder Form macht sie nicht nur zufrieden, sondern poetisch.

In der Novelle ›Boule de suif‹ (Schmalzkugel) beschrieb Guy de Maupassant seine Heldin, die so genannt wurde, als »klein und rund, fett wie Butter«. Das macht sie aber keineswegs unattraktiv. »Dennoch war sie so frisch«, preist der Erfinder sie, »mit ihren reifen, unter dem Kleid schwellenden Brüsten, daß ihre Üppigkeit durchaus verlockend wirkte.«

Üppigkeit hat für französische Empfindungen nichts mit Geld zu tun, aber viel mit Sinnlichkeit.

Auch Toulouse-Lautrec wollte die Vielfalt geschmeidiger Saucen nicht trocken benennen. »Regenbogen der Saucen« hat er das entsprechende Kapitel in seinem Buch überschrieben. Denn die Sauce ist Inbegriff der farbigen Vielfalt in Frankreichs Küche. Der zitierte Monsieur Curnonsky, der Gastronomie-Prinz, war ziemlich leicht in Rage zu versetzen, wenn ihm etwas vorgesetzt wurde, was er ungenießbar fand: Ein Bonmot, zum Beispiel, demzufolge der Dichter Stendhal behauptet habe, die französische Küche leide an demselben Fehler wie Paris, wo er schmerzlich die Berge vermisse: sie kenne keine Höhen und Tiefen. »Vergessen Sie die Saucen?« schäumte Curnonsky, wenn ihm dieses Zitat vorgehalten wurde. Die Sauce ist in Frankreich letztlich das Mittel, selbst den billigsten Gerichten Glanz zu verleihen. Sie ist der Samt oder der Musselin – sinnfälligerweise heißen Velouté und Mousseline nach Stoffen –, mit der noch die ärmsten Bauern ihre Kost einkleiden können. Auch Blumenkohl mit einer Sauce Béarnaise oder ein Gemüsegratin, überbacken mit Sauce Béchamel, sind schlicht unübertrefflich. Leider nicht unkompliziert. Denn wie alle aus Liebe und Leidenschaft geborenen Wesen, sind sie sehr sensibel. Schon ein scharfer Blick kann ihre Schönheit zerstören.

»Das menschliche Auge ist niemals gänzlich harmlos«, warnte daher Hobbyköchin Colette. »Wundern Sie sich nicht, wenn das Aioli zu Ihrer Zufriedenheit aufs Schönste stieg und weiß wurde, plötzlich zum Klumpen gerinnt: ... Nur weil Sie mir zugeschaut haben! beklagen sich die gedemütigten Köchinnen.«[20]

Während bei uns der Dienstag vor Beginn der Fastenzeit namenlos ist, haben ihn die Franzosen bekennend Mardi gras – den fetten Dienstag – genannt, denn da durfte noch einmal wollüstig so richtig geschlemmt werden vor den mageren Zeiten. Erfahren in Dingen der Liebe, nennen die Franzosen aber auch einen unanständigen Typen »gras«, und »parler gras« meint Zoten reißen. Letztendlich aber braucht es das Fett, um Profit zu machen. Wenn irgendwo so gar nichts rausspringt, heißt es: »Il n'y a pas gras«. »Faire son beurre« meint, seine Schäfchen ins trockene zu bringen, und »mettre beurre dans les épinards« ist kein reichhaltiges Spinatrezept, sondern bedeutet seine Lage zu verbessern.

Ob es das diätetisch gepriesene Olivenöl des Südens ist oder Schmalz, Butter und Sahne im Norden: Es gehört zur guten Küche, weil es die Aromen transportiert. Ernährungskundler haben auch herausgefunden, warum die Franzosen trotz hohen Fettverzehrs einen niedrigen Cholesterinspiegel haben, weniger Herzerkrankungen und Gewichtsprobleme als die fettphobischen Amerikaner und weniger Geld ausgeben für Gesundheitsversorgung. Dieses sogenannte »French Paradox« hat seinen Grund tief im Weinfaß: Der kultivierte Umgang mit Wein, vor allem Rotwein, der in mäßigen Mengen und immer nur zum Essen getrunken werde.[21]

DIE LEIDENSCHAFT
FÜR LEBENS- UND LIEBESELIXIERE

Hat in Deutschland einer Muffensausen vor dem neuen Job, den unbekannten Gastgebern oder Schwiegereltern, wird er beruhigt: »Ach komm, da wird auch nur mit Wasser gekocht.«

Diese Auskunft versetzt jeden Franzosen in helle Panik. Denn wo der Fisch oder das Huhn, die Paprika oder die Aubergine nur in Wasser gekocht wird, möchte nicht einmal ein Hungerleider essen. Zwar gibt es die Methode des Blanchierens: Das kurze Kochen in gesalzenem Wasser dient aber nur dazu, die Farbe von Kräutern und Gemüse zu erhalten oder allzu strenge Geschmäcker zu mildern. Aber der Kochvorgang selber braucht mehr. Und sei es nur eine Court bouillon.

Daß Bouillon im Französischen männlich ist, ist kein Zufall, es ist ein Fingerzeig. Schon der zitierte Pierre Bourdeille, Abt von Brantôme, empfahl liebeshungrigen Damen, ihren Liebhaber vorher mit diesem Elixier zu stärken. Und berichtet von einer Dame, die »häufig die Brunst überkam«, und die nach besonders beglückenden Liebesabenteuern »so geil danach wurde, daß sie den Geliebten einen ganzen Monat in ihrem Kabinett behielt und ihn zur Erfrischung mit leckeren Kraftsuppen« genährt habe. Um, wie der Abt sich ausdrückte, das Mark aus dem Blut des Mannes herauszuziehen, – »ce beau sperme«.[22]

Petersilie, das Suppenkraut, wurde in Frankreich den Frauen sogar gegen Unfruchtbarkeit verschrieben. Der sündige Sud des Suppenkrauts war es aber nicht allein: Auch Fleisch- und

Die einfache Küche in Frankreich

Hühnersuppen wurde die in jeder Hinsicht aufbauende Wirkung zugeschrieben.

Daß »le bouillon« – als das, was in Frankreich heute Consommé heißt – im Mittelpunkt der französischen Küche stand, erkannte auch der nicht unbedingt frankophile Herr Rumohr schnell. Im ›Geist der Kochkunst‹, wo er die Franzosen als »wenn nicht Erfinder, doch die Verbreiter aller Gehäcksel und Vermengung« und als »Gesindel der Nachahmer« bezeichnet, erkennt er wenigstens dieses an. «Welchen Einfluß nun auch die Italiener vor Zeiten auf die französische Küche ausgeübt haben, so bleibt den Franzosen doch das Verdienst, die Fleischbrühe zur Grundlage aller nassen Bereitungen erhoben zu haben.«[23]

Sein Nachfolger als Gastro-Autor, Anthelme Brillat-Savarin, erwies sich bei diesem Thema als wahrer Patriot. Zuerst erklärt er noch sachlich, die Bouillon sei »eine Flüssigkeit, die nach vollendetem Kochvorgang übrigbleibt« und ermahnt: »Um eine gute Bouillon zu erhalten, darf sich das Wasser nur

langsam erhitzen, damit das Eiweiß im Innern nicht vor dem Herauslaufen gerinnt.«[24a]

Das sündige Suppenkraut vergißt er natürlich nicht zu erwähnen: «Der Bouillon wird Gemüse oder Wurzelwerk beigegeben, um den Geschmack zu heben.»[24b] Dann aber wird er geradezu national-berauscht von diesem Elixier: «Man ist sich darüber einig, daß nirgend so gute Suppen zubereitet werden wie in Frankreich, und ich habe diese Wahrheit auf meinen Reisen nur bestätigt bekommen. Dieses Ergebnis darf keineswegs Wunder nehmen, denn da die Suppe die Grundlage der französischen Nahrung bildet, ist es nur allzu verständlich, wenn sie die jahrhundertelange Erfahrung auf den jetzigen Stand der Vollkommenheit brachte.«[24c]

Sicher ist, daß eine Bouillon für eine gewisse kulinarische Égalité sorgte, bevor so etwas real existierte, denn zum Auskochen tat es auch ein billiges Stück Fleisch, ein nicht so jugendzartes Huhn oder irgendwelche Knochen, an denen noch etwas dran war. Nicht verwunderlich also, daß auch ein billiges Restaurant »bouillon« genannt wird. Und daß »restaurant« ursprünglich nur »Kraftbrühe« meinte. Die Umbenennung der Bouillon in Consommé beweist bereits den Stolz der Franzosen auf diese ausgekochte Delikatesse: Das Wort bedeutet schlicht »vollendet«. Das Verb »consommer«, von dem es sich ableitet, gibt übrigens den Mutmaßungen des Abtes von Brantôme über die liebesfördernde Wirkung dieses Elixiers Nahrung – es heißt unter anderem »die Ehe vollziehen«.

Daß auch der Wein als Lebenselixier begriffen wird, beweisen die zahllosen Rezepte in Frankreichs Küche, in denen er Verwendung findet. Vom »Coq au vin« und der Jura-Variante »Huhn im Gelbwein« bis Aalragout in Rotwein, wie es im Languedoc gegessen wird, von Zunge in Rotwein bis hin zu Andouillettes, Würsten aus Schweinsinnereien, in Weißwein, von den Œufs en meurette, den pochierten Eiern in Burgunder, bis zu den Birnen in Rotwein. Galt in Deutschland lange

Die einfache Küche in Frankreich

die Verwendung von Wein, zumindest von gutem, als Luxus oder Verschwendung, ist das in Frankreich auch in den allereinfachsten Küchen üblich. Und zwar seit Jahrhunderten: Im Mittelalter war Suppe gleichbedeutend mit einer Scheibe Brot, über die Bouillon gegossen wurde. War die Scheibe geröstet, nannte man das Ganze »tostée«. Kamen Gäste, bot man ihnen die anregendere Version dieser Suppe an – die Toastscheibe wurde in ein Glas gelegt und mit Rotwein oder rotweinschwerer Bouillon aufgegossen. Daher kommt der Ausdruck, »einen Toast ausbringen«, der nichts zu tun hat mit der üblichen industriellen weichgespülten Massenware. Kenner der einfachen Küche probieren das aus und bringen einen Toast aus auf die einfache Küche.

Die extreme Begierde nach Innereien und Extremitäten

Wer sich zu etwas ausgefalleneren erotischen Vorlieben bekennt, wird von anderen meistens nicht verstanden. Oft sogar für pervers gehalten. Das haben die Franzosen hinsichtlich ihrer kulinarischen Erotik auch erfahren und kriegen es bis heute ab. Es gäbe, schreiben die Autoren von ›Die Franzosen pauschal‹, »gewisse Aspekte französischer Küche, die nicht jedermann als raffiniert bezeichnen, ja vielleicht sogar ausgesprochen garstig finden wird. Man muß in Frankreich darauf gefaßt sein, wirklich mit allen Bestandteilen eines Tieres in einer milden oder würzigen Sauce überrascht zu werden. Das wäre vielleicht noch gar nicht so schlimm, wenn man nicht genau erkennen müßte, welches Körperteil da gerade serviert wurde. Niemand gibt sich jedoch Mühe, dies zu verbergen.«[25a]

Wenn einen Franzosen etwas erotisiert, ist er eben unbekümmert. Aber das kommentieren Fremde eher befremdet. »In Frankreich wird ein Schweinsfuß ganz ungeniert als pied de porc bezeichnet und ganz fröhlich zusammen mit anderen Schweinereien auf einer großen Platte serviert.«[25b]

Wenn die Autoren im Lyonnais zugange gewesen sein sollten bei der Recherche für ihr Werk, wurden ihnen nicht nur Schweinsfüße und -nieren, sondern auch Schweinszunge mit knusprig gebratene Schweinsohren serviert.

Fulbert-Dumonteil habe sich, laut seinem Referenten Robert Courtine, von den Nieren sogar zu wahrhaft erotischer Sprache hinreißen lassen und gesagt:

»Was könnte es wohl Reizenderes und Anrührenderes geben als eine schöne, wie ein Herz geöffnete Niere, die bereitliegt, um eine bernsteinfarbene Kugel Isigny-Butter aufzunehmen, die darin wie ein zarter Traum zerfließt?«[26]

In ihrer Dissertation hat sich Yvonne Verdier dem Leben von drei Frauen auf einem burgundischen Dorf gewidmet. Und sie beschreibt, wie diese Frauen das Schlachten zelebrieren als eine Zeremonie. »Der erste Stich, das Ausbluten, schließlich das Heraustrennen der Innereien erfolgen auch als symbolische Handlungen, die dann besonders sichtbar werden, wenn sie sexuelle Inhalte andeuten. So erhält das Herz als Symbol für das Leben eine herausragende Bedeutung. Innereien insgesamt stehen für das Animalische, für die Lebendigkeit.«[27] Und das können wir doch alle genausogut brauchen wie die vielen Vitamine des B-Komplexes, von Cholin bis Inosit, die besonders reichlich in Leber, Herz und Nieren enthalten sind.

Denn sie sorgen für geistige Regsamkeit, beruhigen das Nervensystem, beeinflussen die Herztätigkeit positiv und geben der Leber den Stoff zur Lezithinbildung. Lezithin wiederum homogenisiert das Cholesterin und beugt so der Arteriosklerose vor. Aber die Innereien enthalten außerdem satte Mengen an Vitamin A, kleinere Mengen an Vitamin C, E und H, Mineralstoffe und Spurenelemente wie Magnesium, Kalzium, Kalium, Eisen und Phosphorsalze. Sie sparen also ganze

Schachteln an Kapseln. Man muß sich nur ein Herz fassen und keine Angst haben, der Anblick dieser Organe könne einem allzusehr an die Nieren gehen. Gerade die einfache Küche soll und will dem Koch bewußt machen, was er da zu sich nimmt oder zumindest zubereitet.

Die Passion für pure Qualität

Viele denken bei »Französischer Küche« nicht ans Essen, sondern an Sterne: Seit der Guide Michelin sie verteilt – und das sind bald 100 Jahre – gilt die Zahl der Michelin-Sterne als Qualitätskriterium. Und für bekennende Gourmets ist der Michelin längst ein Fahrplan: Sie klappern systematisch die Häuser ab, über denen ein bis drei Sterne strahlen. Das bringt die zahlende Klientel an Ort und Stelle, die Städter in die Provinz und ruhmreiche Köche in die Zeitung. Eigentlich müßten also die Reifenproduzenten André und Edouard Michelin als Wohltäter der Nation gelten. Aber es gibt Leute, die das Gegenteil behaupten:

Der Pariser Schriftsteller und Satiriker Jean-François Revel schrieb schon 1963 im Vorwort einer Neuauflage zu Brillat-Savarins Klassiker ›Die Physiologie des Geschmacks‹, die gibbernde Gier nach einem Stern und noch einem mehr sei nicht ehrend, sondern verheerend. Denn der falsche Ehrgeiz, in der Bibel der Reifen-Brüder zu glänzen, treibe die Köche zu dem, was sich dann »Kreationen« nennt, die viel hermachen: »... z.B. die ewigen gratinierten Krebsschwänze, wo doch jedes Kind weiß, daß es Krebse nur selten in unserem unglücklichen Land gibt.«

Revel gibt den Gourmet-Guides, ob sie nun Himmelskörper, Kopfbedeckungen oder Eßwerkzeuge als Symbole verteilen, die Schuld an der Degeneration der authentischen einfachen französischen Küche.

Die einfache Küche in Frankreich

»Diese Chemie für Neureiche, die dem Geist des Michelin entspricht, hat es fertiggebracht, daß man allenthalben sogenannte ›Spezialitäten‹ vorgesetzt kriegt. Bald wird es unmöglich sein, ein einziges Mahl zu finden, das schlichtweg ›gut‹ ist, mag es sich um ein ›klassisches Gericht‹ handeln, ein wohlbekanntes oder um ein Essen, das natürlich und vernünftig zubereitet ist.«

Andererseits muß zur Ehrenrettung gerade derjenigen Spitzenköche, die in der Provinz hocken, gesagt werden: Sie hocken dort nicht, weil ihnen das Provinzielle so angenehm wäre, sondern weil ihnen die Qualität ihrer frischen Produkte so wichtig ist. Und weder Michelin noch Fast-food-Ketten, weder Supermärkte noch Instant-Gerichte haben eines zerstört: das Qualitätsbewußtsein der Franzosen, gerade auch in den unteren Einkommensklassen, für qualitativ hochwertige Grundzutaten. Obwohl es ein Franzose namens François Appert war, der im Auftrag Napoleons die Konserve erfand – damit die Soldaten für jeden Belagerungszustand gerüstet wären, obwohl es ein Franzose war namens Charles Tellier, der 1869 entdeckte, daß Lebensmittel durch Einfrieren haltbar bleiben: die Franzosen verbrauchen pro Kopf nur 1/6 der Menge Tiefkühlkost und Konserven, die ein Amerikaner im Durchschnitt konsumiert. Und die, die in den Mauern der Metropole gefangen sind, geben auf ihre Art der Sehnsucht nach dem Leben auf dem Lande Ausdruck: Die Pariser sind chiliscarf auf alles, was das Siegel »produit fermier« trägt – ein Erzeugnis, frisch vom Bauernhof. Und sie haben in jedem Quartier Gelegenheit, die ländliche, regionale Küche zu schmecken: Ob das eine ›Auberge landaise‹ ist oder ein ›Relais du Quercy‹, ein ›Chalet savoyard‹ oder eine ›Maison provençale‹.

Das Jammern über eine affektierte Küche, die Eindruck macht, aber keinen Appetit, ist nicht neu. Lieselotte von der Pfalz, die Schwägerin des Sonnenkönigs, schrieb verzweifelt nach Hause. »All die Delikatessen, auf die man hier verrückt ist«, fand sie scheußlich. Und so bettelte sie, ihr doch eine echte Pfälzer Blutwurst nach Versailles zu schicken.

Auch den Niedergang der Produktqualität und den Untergang des einfach Guten beklagten engagierte Leute schon früher. In der zweiten Hälfte des 19. Jahrhunderts empörte sich Nestor Roqueplan in ›Parisine‹, einem Traktat über die Kochkunst: »Früher hat es mehr als dreihundert Sorten Birnen gegeben. ...Weil man jedoch die Bastille gestürmt, die Privilegien und ländlichen Bräuche der Provinz zerstört, die Posttarife vereinheitlicht und die ganze französische Armee mit krapproten Hosen bekleidet hat, haben unsere Gärtner geglaubt, daß man die alten Birnen verfaulen lassen, ihre Vielfalt zu einem einzigen Exemplar reduzieren, sie krapprot färben und unter einem einzigen Namen verkaufen kann: die Herzoginnen-Birne.«[28]

Ähnliche Sorgen machen sich auch heute noch engagierte Franzosen um die Äpfel: Die ›Association de Croqueurs de Pommes‹ ist keineswegs ein Club von kartellbesorgten Apfelbauern, sondern ein Verein von Apfelessern, der die alten guten Sorten erhalten will. Anderen bekennenden und bescheidenen Essern geht es um die Wurst: AAAA (Association Amicale d'Amateurs d'Authentiques Andouillettes) kürzt sich freundlicherweise die Freundschaftliche Vereinigung der Liebhaber authentischer Andouillettes ab. Dabei handelt es sich um Würste, die nur aus Schweineinnereien zubereitet werden dürfen. Um den Käse geht es sogar hochgestellten Persönlichkeiten. Ein gewisser Monsieur Landon, in den 80er Jahren Generalstaatsanwalt und Vorsitzender des Kassationshofes, der höchsten Staatsinstanz, hat während der Amtszeit darum gekämpft, auch dem Käse Gerechtigkeit widerfahren zu lassen: Er schrieb ein Buch über die fast 400 Käsesorten, die in Frankreich produziert werden. Mit exakten Angaben, was ein normannischer Livarot, ein burgundischer Chaource oder ein Cabichou aus dem Poitou enthalten muß. Landon gehört zum

Verein der eingeschworenen Gegner pasteurisierter Massenware. Und zu denjenigen, die wissen, daß das Einfache nur gut ist, wenn es rein ist und gut behandelt wird. Schlechte Behandlung schiebt man in Frankreich gerne anderen in die Schuhe, zumindest wenn es ums Essen geht.

Haben zum Beispiel Pellkartoffeln nach dem Schälen zu lang im warmen Wasser gelegen, nennen die Franzosen sie »pommes à l'anglaise«.

Gerade in Sachen französischer Küche ist es eine mühsame, aber lohnende Mission klarzumachen: die echte französische Küche ist weder teuer noch affektiert. Wer sich bei dieser Überzeugungsarbeit auch noch etwas Spaß erlauben will, möge einfach eine grandiose Nummer kopieren, mit der der große Gourmet Charles Montselet im letzten Jahrhundert hereingelegt und für die einfache Küche gewonnen wurde. Zusammen mit einigen anderen Kennern wurde er von seinem Freund Chavette beim Koch Brébant zum Essen eingeladen. Das

Menü entsprach seinen verwöhnten Ansprüchen: Schwalbennestersuppe, Butt mit Krevettensauce, Gemsenkoteletts mit pikanter Sauce, mit Oliven gefüllter Auerhahn usw. Ein weiterer Gourmet berichtet über den Ablauf, Montselet sei von allem begeistert gewesen, habe geschwelgt und gerühmt und vom Auerhahn dreimal genommen. Bis Chavette ihn mit »mephistophelischem Gelächter« aufgeklärt habe.

›»Die Schwalbennester, die du soeben gegessen hast, waren Nudeln mit Bohnenpüree. Der Butt, den du so delikat fandest, war ein Kabeljau, den wir auf einem feinen Kamm gekocht haben.‹ – ›Unmöglich!‹ stammelte Monsieur Montselet. Chavette zog die Gräten hervor und zeigte, daß sie aus zwei gelblichbraunen Kämmen bestanden, die Rücken an Rücken zusammengebunden waren. ›Die Gemsenkoteletts waren in Magenbitter marinierte Lammkoteletts; und der Auerhahn war eine junge Pute, über die wir ein Glas Absinth gegossen haben.‹«[29]

LITERATUR

1 Balthazar Grimod de la Reynière: Almanach des Gourmands, Paris 1803–1812.
2 Marcel Proust: Auf der Suche nach der verlorenen Zeit, Frankfurt am Main 1979.
3 Émile Zola: Der Bauch von Paris, in: Die Rougon-Macquart. Geschichte einer Familie unter dem 2. Kaiserreich, Bd. 3, hrsg. v. R. Schober, Berlin 1964, Teil 1.
4 Karl Friedrich von Rumohr: Geist der Kochkunst (1826), Heidelberg 1994, S. 36.
5 Henri de Toulouse-Lautrec und Maurice Joyant: Die Kunst des Kochens (1875), deutsch o. O. 1967.
6 Gisela Gniech: Essen und Psyche. Über Hunger und Sattheit, Genuß und Kultur, Berlin und Heidelberg 1995, S. 146.
7 Maurice Mességué: Die Natur hat immer recht. Rezepte für Gesundheit und Schönheit durch die geheime Kraft der Pflanzen (1972), deutsch: Frankfurt am Main und Berlin 1996, S. 124.
8 ebd., S. 127.
9 ebd., S. 128.

10 Karl Friedrich von Rumohr, a.a.O., S. 30.
11 Georg Büchner: Dantons Tod, 3. Akt, 10. Aufzug: Platz vor dem Justizpalast.
12 Les 365 menus du Baron Brisse, Paris (Bureaux de la liberté) 1867.
13 Jules u. Edmond de Goncourt: Tagebücher der Brüder Goncourt. Erinnerungen an ein literarisches Leben. Eintragungen im Januar 1871, München 1947.
14 a, b, c: Maurice Mességué, a.a.O, S. 70 f.
15 ebd., S. 76.
16 ebd., S. 83.
17 ebd., S. 85.
18 Gisela Gniech, a.a.O., S. 149.
19 Colette, in ›marie claire‹ 1939.
20 Colette, in ›Journal à rebours‹ 1941.
21 ›Psychologie heute‹ compact (Special) 1997, Nr. 1, S. 54 f.
22 Brantôme (= Pierre Bourdeille): Das Leben der galanten Damen, Insel-Verlag, Frankfurt a.M. 1981; zitiert nach: Piero Camporesi: Geheimnisse der Venus, Aphrodisiaka vergangener Zeiten, Frankfurt am Main 1991, S. 47.
23 Karl Friedrich von Rumohr, a.a.O., S. 32.
24 a, b, c: Anthelme Brillat-Savarin, Die Physiologie des Geschmacks (La Physiologie du Goût, 1825), München 1962, S. 52.
25 a, b: Nick Yapp und Michel Syrett: Die Franzosen pauschal, Frankfurt a. M. 1997, S. 85 f.
26 Robert Courtine: Die echte französische Küche, Berlin 1956.
27 Yvonne Verdier: Drei Frauen auf dem Dorf, Stuttgart 1982.
28 Nestor Roqueplan: Parisine, Paris 1869, S. 323.
29 Chatillon-Plessis: La vie à table à la fin du XIXe siècle, Paris 1894, S. 335 ff.

Zeichenerklärung:

✽ = einfach

✽✽ = braucht etwas Zeit

✽✽✽ = braucht Übung

SUPPEN UND EINTÖPFE

SAVOYER SUPPE *
Soupe savoyarde

Die kulinarische Prominenz von Savoyen ist berühmt, sehr natürlich, ziemlich deftig und steht im Ruf, sich durchzusetzen: der Reblochon, der Saint-Marcellin, der Tomme de Savoie und der Gruyère des Bauges sind nur vier der vielen großen Käsesorten, die hier hergestellt werden. Kein Wunder, daß es in Savoyen besonders viele Käserezepte gibt. Zum Beispiel diese Suppe, die eine kleinere Mahlzeit ersetzen kann.

50 g durchwachsener Speck, gewürfelt
1 Zwiebel
4 Lauchstengel
1 Stange Bleichsellerie
2 große Kartoffeln
½ l Wasser

4–8 Salbeiblätter
Salz
½ l Milch
8 Scheiben Baguette
150 g Gruyère, in dünnen Scheiben

Den Speck in einem Topf auslassen, die geschälte, feingehackte Zwiebel, den in Scheiben geschnittenen, sorgsam gewaschenen Lauch und die gehackte Bleichsellerie zugeben. Zugedeckt ca. ¼ Std. schmoren lassen. Dann die geschälten, kleingewürfelten Kartoffeln, das Wasser, den gehackten Salbei und das Salz zugeben, aufkochen und wieder zugedeckt ¼ Std. köcheln lassen.

Währenddessen im vorgeheizten Backofen oder in der Pfanne mit etwas Butter die Weißbrotscheiben rösten.

Die heiße Milch in die Suppe gießen, abschmecken und warmhalten.

Die Croûtes (s. Glossar) mit dem geriebenen Käse belegen, je zwei Scheiben davon in einen Teller legen, die Suppe aufgießen und sofort servieren.

Les soupes et les potages

SUPPE BURGUNDER ART ✳
Soupe bourguignonne

Glauben Sie nicht, diese Suppe sei teuer, denn es muß oder besser gesagt: es darf kein Gevrey Chambertin sein, den Sie dazu verwenden. Nachdem es auch hierzulande gute und preiswerte Originalabfüllungen (vermeiden Sie Weine von Winzergenossenschaften) von roten Burgunderweinen gibt, ist diese Suppe so preiswert wie für die Winzer der Bourgogne, die sie erfunden haben.

12 kleine Zwiebeln
1 EL Butterschmalz
200 g durchwachsener Räucherspeck
1 l einfacher roter Burgunder
Salz, Pfeffer
etwas Wasser
2 Bouquets garnis (s. Glossar)
1 große Kartoffel
1 Ei

Die geschälten Zwiebeln und den Speck fein schneiden. Zuerst den Speck in etwas Butterschmalz anbraten, dann die Zwiebeln zugeben und goldbraun dünsten. Mit etwas Wein ablöschen, salzen, pfeffern, wenn nötig etwas Wasser zufügen. Dann die Bouquets garnis beigeben und sachte ungefähr ½ Std. köcheln lassen. Den restlichen Wein zugießen und alles erhitzen, so daß die Suppe siedet, nicht kocht. Die Kartoffel fein reiben, mit dem verklepperten Ei vermischen und diese Masse in nußgroßen Portionen in die Suppe geben. Die Klößchen sind gar, wenn sie an die Oberfläche steigen. Zuerst die Klößchen in die vorgewärmten Suppentassen geben und dann die Suppe darüber gießen.

KÜRBISSUPPE *

Potage à la citrouille

Burgund

Wird für eine kleinere Runde gekocht, ist der in Frankreich als »citrouille« gehandelte Kürbis besser geeignet, sitzen 10–12 Leute um den Tisch, kann man auch einen Riesenkürbis kaufen, der in Frankreich »potiron« heißt.

Daß diese unübersehbaren Gewächse in Burgund eine mächtige Rolle spielen, konnte auch der bildungsreisende Engländer Tobias Smollett nicht übersehen. Als der Erzähler 1766 durch Burgund reiste, notierte er irritiert, hier gebe es »eine riesige Menge sehr großer ›pampions‹, mit denen die Burgunder ihre Suppen und Ragouts andicken«. Aus dem 18. Jahrhundert stammt auch ein Rezept für Kürbissuppe, das diesem hier ähnlich ist; es findet sich in dem Kompendium ›La Maison Rustique‹, einem Standardwerk über Land- und Hauswirtschaft für Grundbesitzer, das aus dem Lateinischen ins Französische übersetzt worden war.

1 ganzer oder halber großer Kürbis, am besten mit orangefarbenem Fleisch, von ca. 3 kg
3 Gemüsezwiebeln
2 EL Butter
1 Knoblauchzehe

½ l Hühnerbrühe
Zimt (gemahlen), Cayennepfeffer, Curry
Salz, Pfeffer
½ l Vollmilch
125 ml Crème double
125 ml Crème fraîche

Wer den Kürbis aus dekorativen Gründen als Schüssel verwenden will, muß zuerst einen Deckel abschneiden, dann die Kerne und das Weiche in der Mitte entfernen und schließlich das Fleisch mit Messer und Löffel herausstechen. Bequemer ist es, den Kürbis in Stücke zu schneiden, die Kerne und das Weiche zu entfernen und das Fleisch von der Schale einfach abzuschneiden.

Les soupes et les potages

Die feingehackten Zwiebeln goldgelb in 1 EL Butter andünsten, den in Stücke geschnittenen Kürbis daraufgeben und den im Mörser mit Salz zerriebenen Knoblauch zugeben. Auf kleiner Flamme schmoren, immer mal wieder einen kleinen Schluck Hühnerbrühe zugießen. Wenn der Kürbis gar ist, alles zusammen pürieren oder durchpassieren. Den zweiten EL Butter in einem großen Topf schmelzen, das Püree hineingeben, mit den Gewürzen abschmecken, die Vollmilch, den Rest der Hühnerbrühe zugeben und auf kleinem Feuer etwas einkochen lassen. Dann Crème double und ganz zum Schluß die Crème fraîche hinzufügen.

Dazu entweder Knoblauch-Croûtes oder einfach Baguette.

Suppen und Eintöpfe

KARTOFFELSUPPE PARMENTIER *
Potage Parmentier

Dem Agronomen und Militärapotheker Antoine Augustin Parmentier (1737–1813) brachte die Kartoffel postum den Ruhm des großen Kartoffel-Verfechters ein: 1770 quälte eine Hungersnot ganz Frankreich. Die Akademie von Besançon schrieb daher einen Preis für denjenigen aus, der die beste Untersuchung zu dem Nahrungsmittel anböte, mit dem diese Not gelindert werden könnte. Parmentier, im Majorsrang Chef des Heeres-Labors am Hôtel des Invalides, schlug (wie andere auch) vor, die Kartoffel zum Hauptnahrungsmittel zu erheben und gewann. Zwar war er zu Lebzeiten eher durch andere seiner insgesamt 95 Bücher und Schriften bekannt oder dafür, daß er beim Militär die Pockenimpfung einführte, nach seinem Tod aber wurde er zum Adoptivvater der Kartoffel gekürt.

350 g mehligkochende Kartoffeln
3 Stangen Lauch, weißer Teil
¾ l Hühnerbrühe
Salz, Pfeffer
100 g Sahne
1 Bund Schnittlauch

Die geschälten Kartoffeln kleinschneiden, den Lauch waschen und in feine Ringe schneiden. Beides in einen Suppentopf geben und mit der kochenden Brühe übergießen, salzen, pfeffern und ca. 40 Min. zugedeckt kochen lassen. Das Ganze pürieren, Sahne zugeben, die Suppe nochmals erhitzen, ohne sie kochen zulassen. Vor dem Servieren mit dem gehackten Schnittlauch bestreuen.

FRAGEBOGEN

Olivier Ott

*Winzer und Weinproduzent
(Domaines Ott)
Jahrgang 1937
Geboren in Antibes*

Wenn Sie zwei Wochen lang jeden Tag das gleiche essen müßten, wofür würden Sie sich entscheiden?
Für Gemüsesuppe.

Auf welchen kulinarischen Luxus können Sie mühelos verzichten?
Auf Hummer.

Was war Ihre Leibspeise in der Kindheit?
Lammkeule mit Thymian.

Was sind für Sie die drei Grundbestandteile der französischen Küche?
Sehr gute Ausgangsprodukte, Saucen und Kräuter.

Hätten Sie nur eine ganz schmale Rente: Wovon würden Sie sich vor allem ernähren?
Von Mittelmeerküche mit viel Gemüse und Olivenöl.

Sinnlose Verschwendung: Woran denken Sie da im Bereich Essen und Trinken?
An zuviel Dekoration auf dem Teller.

Olivier Ott

Welches ist für Sie das beste klassische Gericht Ihrer Heimat?
Fischsuppe.

Was ist der schlimmste gastronomische Brauch des 20. Jahrhunderts?
Zu viele Gänge bei ein und demselben Essen.

Bei welchem Essensduft werden Sie schwach?
Bei dem von Kräutern, Knoblauch und Gewürzen.

Sie bereiten ein Liebesmenü für zwei, das sich auch ein Student oder Lehrling leisten könnte. Was gibt es zu essen, was gibt es zu trinken?
Eine Brouillade (ein Rührei) mit Tomaten und Champignons, Brie fermier und zum Dessert ein Eis.

Welches französische Gericht ist zu Unrecht vergessen?
La potée – ein Eintopf mit vielen Gemüsen und ein wenig Fleisch.

Wenn Sie in Frankreich authentisch, einfach, gut und preiswert essen wollen. Wo gehen Sie hin?
In eine einheimische Auberge auf dem Land.

Les soupes et les potages

KRESSESUPPE ✳

Potage au cresson

Neben der Kartoffelsuppe Potage Parmentier gilt die einfache Kressesuppe als ein Klassiker der französischen Suppenküche. Alexandre Dumas père zog sich die geliebte Kresse noch auf feuchter Baumwolle in der Wohnung, um sie auch im Winter zur Verfügung zu haben, heute wird sie auf Substraten in Schachteln kultiviert. Besser aber schmeckt die erste Freilandkresse im Frühling. Weitgehend vergessen ist leider die stabile Winterkresse, die bereits Anfang März, vor allem anderen frischen Grün, geerntet werden konnte.

*1 großer Bund Brunnen-
  oder 2 Schachteln Gar-
  tenkresse
3 mehligkochende Kartoffeln*

*Salz, Pfeffer
1 ½ l Hühner- oder Gemüsebrühe
4 EL Crème fraîche*

Die Kresse gründlich waschen. Die Kartoffeln schälen und in Stücke geschnitten in den Topf mit der Brühe geben. Salz, Pfeffer und ⅔ der Kresse zufügen und solange kochen, bis die Kartoffeln gar sind. Jetzt den Rest der Kresse zugeben, den Topf vom Feuer nehmen, die Suppe durchpassieren. Jeden Teller mit einem kräftigen Löffel Crème fraîche krönen.

Suppen und Eintöpfe

SALATCREMESUPPE ✻
Crème de laitue

Was in Deutschland kaum bekannt ist, ist in Frankreich Küchenalltag: Kopfsalat warm zuzubereiten. Zum Beispiel in Gestalt dieser köstlichen frühlingshaften Suppe.

2 Brotscheiben vom Vortag *1 Tasse Vollmilch*
2 große Salatköpfe *Kerbel*
80 g Butter *etwas Zucker und Salz*
¼ l Béchamelsauce
  (s. S. 196)

Das Brot in kleine Würfel schneiden und in etwas Butter zu goldbraun-knusprigen Croûtons rösten.

Die sorgfältig gewaschenen Salatblätter blanchieren und gut abtropfen lassen. Grob kleinschneiden und mit einer Prise Zucker und Salz in der Butter dünsten. Die Béchamelsauce darübergeben, umrühren und kurz ziehen lassen. Durch ein Sieb streichen oder durch die Lotte passieren und mit der Milch auffüllen. Den feingehackten Kerbel über die Suppe streuen und direkt vor dem Servieren die Croûtons dazugeben.

Les soupes et les potages

SAFRANSUPPE ✱✱

La mourtairol (oder mourtayrol)

Périgord und Auvergne

Obwohl Safran zu den teuersten Gewürzen der Welt zählt, ist diese Suppe preiswert, denn es wird nur eine minimale Menge davon benötigt. Delikat wird sie aber nur, wenn die Brühe frisch gekocht wird und keine Brühwürfel verwendet werden.

500 g Hühnerklein, am besten (und billigsten) Hühnerflügel	*2 l Wasser*
	Salz
	1 Msp. Safran
3 Kalbsknochen	*4–6 kräftige Scheiben helles*
2 Bund Suppengrün	*oder weißes Brot*

Das Hühnerklein, die Kalbsknochen und das Suppengrün in kaltes Wasser geben, salzen, zum Kochen bringen und ca. 75 Min. bei mittlerer Hitze kochen, währenddessen immer wieder abschäumen.

Den Backofen auf 180° C vorwärmen (Gas Stufe 2–3).

Dann die Hühnerbrühe durch ein Sieb gießen, den Safran einstreuen und unterrühren.

In einer feuerfesten Suppenschüssel die Brotscheiben auslegen, die Hühner-Safranbrühe langsam darübergießen, und zwar nur solange, bis sie vom Brot ganz aufgesogen ist. Den Rest zurückbehalten. Die Schüssel in den heißen Ofen stellen. Die übrige Brühe heiß halten und immer wieder nachgießen. Nach ½ Std. herausnehmen, die übrige Brühe zugeben und sofort servieren.

Suppen und Eintöpfe

TOMATEN-KNOBLAUCH-SUPPE   *
Le tourin

Périgord

Schon im Mittelalter wurden die Tourins so serviert wie heute: in einer mit Brotscheiben ausgelegten Terrine. Das Brot war wichtig, weil in den ländlichen Regionen von Südwestfrankreich die Suppe nicht wie die Consommés und Veloutés in feinen städtischen Kreisen als gaumenschmeichelnde Vorspeise gedacht war, sondern, gerade abends, oft als Hauptgang serviert wurde.

3 EL Gänseschmalz
3 Zwiebeln
6 Knoblauchzehen
2 EL Mehl
500–600 g Tomaten

1 l Wasser
1 Bouquet garni (s. Glossar)
Baguette für 12–16 Croûtes
1 Msp. Cayennepfeffer
Pfeffer, Salz

Zwiebeln schälen und fein hacken, Knoblauch schälen und in feinste Scheibchen schneiden, Tomaten überbrühen, enthäuten und kleinhacken.

Schmalz in einem großen Topf erhitzen, Zwiebeln und Knoblauch zugeben, mit Pfeffer und Salz würzen und zugedeckt 10–15 Min. auf mittlerer Flamme andünsten. Tomaten zufügen, alles zusammen 3 Min. kochen. Unter Rühren das Wasser zugießen. Bouquet garni, Salz und Pfeffer zugeben, im offenen Topf ca. 25 Min. köcheln lassen. Gelegentlich umrühren und wenn nötig Wasser nachgießen. Währenddessen in Butter die Croûtes rösten. Je zwei oder drei in einen vorgewärmten Suppenteller legen, die Suppe mit Cayennepfeffer abschmecken, auf die Croûtes schöpfen. Sehr heiß servieren.

Les soupes et les potages

SUPPE MIT ZWIEBELN UND KNOBLAUCH
Le ratio

Provence

Angeblich kommt dieses älteste erhaltene Rezept der Provence aus Griechenland. Der Name ist allerdings einwandfrei lateinischer Provenienz. Ratio – die Vernunft – heißt dieses Gericht zurecht: Es ist leicht, preiswert, gesund, aromatisch und regt den Kreislauf an.

3 Zwiebeln
4 EL Olivenöl
1 EL Mehl
1 l trockener Rotwein
½ l Wasser
3 große Tomaten

2 Nelken
3 Knoblauchzehen
1 Bouquet garni (s. Glossar)
3–4 Walnüsse
70 g schwarze Oliven
1 EL Kapern

Zwei geschälte feingehackte Zwiebeln im Olivenöl erhitzen, golden werden lassen, mit dem Mehl bestäuben, mit dem Wein und dem Wasser ablöschen. Die Tomaten überbrühen, enthäuten und würfeln, die dritte Zwiebel mit zwei Nelken spicken, den Knoblauch schälen, ebenso die Walnüsse. Alles zusammen mit dem Bouquet garni in die Suppe geben, langsam köcheln und auf zwei Drittel der Flüssigkeitsmenge reduzieren. Passieren.

Jetzt entkernte Oliven und Kapern zufügen und servieren.

Suppen und Eintöpfe

MILCHSUPPE
Soupe au lait

Elsaß

Ein leichtes und erfrischendes Essen, das leider auch im Elsaß in Vergessenheit geraten ist, früher aber ein Alltagsgericht in allen nördlichen Regionen Frankreichs war.

*12 Scheiben Baguette vom
   Vortag oder zwei Tage alt
3 EL Butter
¾ l Vollmilch
½ l Hühnerfond (s. Glossar)*

*2 Knoblauchzehen
Salz, Pfeffer, Muskatnuß
4 Frühlingszwiebeln
1 Bund Kerbel*

Die Brotscheiben beidseitig in der Butter solange auf kleiner Flamme braten, bis sie goldbraun und knusprig sind. Die geschälten Knoblauchzehen in Hühnerbrühe und Milch zusammen aufkochen, dann den Knoblauch entnehmen, die Suppe mit Salz und Pfeffer würzen, etwas Muskatnuß darüber reiben. Gut umrühren, dann die Brotscheiben hineinlegen. In einer Pfanne mit etwas Butter die kleingehackten Frühlingszwiebeln dünsten, ganz zum Schluß den feingewiegten Kerbel zugeben und alles über die Suppe streuen.

VARIANTE:

Die süße Version davon war eine Leibspeise von Frankreichs literarischem Denkmal, der Romanautorin Colette. »Der Milchsuppe mit Zucker, Salz und Pfeffer (dazu ein Stich frische Butter und geröstete Brotscheiben, im letzten Augenblick in die Suppenschüssel gelegt) bin ich mein Leben lang treu geblieben.«

Les soupes et les potages

*Die Zutaten für Colettes
  Milchsuppe:
3 Lauchstangen, weißer Teil
1 EL Butter
1,5 l Vollmilch
3 Kartoffeln*

*2 Zuckerstücke
2 Umdrehungen aus der
  Pfeffermühle
8–12 dünne Brotscheiben
Olivenöl
1 EL Butter*

Den Lauch in feine Ringe schneiden, waschen, trocknen und in Butter garen, ohne daß er Farbe annimmt. Die Milch darüber gießen, die geschälten, in Scheiben geschnittenen Kartoffeln zugeben, salzen und auf kleiner Flamme 30–40 Min. garen.

Die Brotscheiben in halb Butter, halb Öl rösten. Die Suppe in eine Terrine geben, die gerösteten Brotscheiben verfeinert mit einem Stück Butter obenauf legen.

Suppen und Eintöpfe

MARONENSUPPE   *

Soupe aux marrons

Auvergne

Die Auvergne ist arm. Aber reich an Eßkastanienbäumen und deswegen auch an Rezepten mit Maronen. Die marrons waren dort über Jahrhunderte das Grundnahrungsmittel schlechthin. Diese einfache Suppe ist ein klassisches Wintergericht der Auvergne.

500 g Eßkastanien
 (Maronen)
1 l Wasser
2 Stangen Bleichsellerie
Salz
1 Zwiebel
2 EL Butter
4–5 EL süße Sahne
weißer Pfeffer
4 Scheiben Weißbrot

Die Schalen der Eßkastanien kreuzweise einritzen, die Kastanien mit kochend heißem Wasser übergießen und einige Minuten sieden lassen.

Die Schalen entfernen, dann die Kastanien ins Wasser geben, zum Kochen bringen, die gewaschene und in Stücke geschnittene Bleichsellerie dazugeben und salzen. Nach ca. einer ¾ Std. sind die Kastanien weich. Die Suppe durch ein Sieb passieren. Die Zwiebel fein hacken, in etwas Butter goldgelb dünsten, die Sahne zugeben, zum Kochen bringen und die durchpassierte Suppe dazugießen, mit etwas weißem Pfeffer würzen. In der übrigen Butter die Brotscheiben langsam anbraten, in eine feuerfeste Suppenterrine legen und die Kastaniensuppe darübergießen. Im Backofen bei 250° C (Gas Stufe 5–6) noch 5 Min. ziehen lassen. Sehr heiß servieren.

Les soupes et les potages

ALLOBROGER SUPPE ✱
Potage des allobroges

Der etwas irritierende Name beweist das würdige Alter des Rezepts: Dieses Gericht heißt nämlich nach den Allobrogern, einem keltischen Volksstamm, der sich zwischen Genf, Rhône, Isère und Alpen angesiedelt hatte, im Jahr 218 v. Chr. auf Hannibals Seite schlug und 121 v. Chr. von Quintus Fabius Maximus unterworfen wurde. Offenbar hat diese deftige Suppe sie doch nicht genug gestärkt.

2 Zwiebeln
2 Lauchstengel
1 weiße Rübe
½ Sellerieknolle (groß) oder eine ganze kleine
3 Kartoffeln
60 g Butter

1 l kochendes Wasser oder besser Gemüsebrühe
½ l Milch
8 Baguettescheiben
150 g Tomme de Savoie
Salz, Pfeffer

Alles Gemüse putzen und waschen, die Zwiebeln fein hacken, den Lauch in Ringe, die Rübe und die Sellerieknolle in kleine Scheibchen schneiden, die Kartoffel in sehr kleine Würfel.

20 g Butter in einem großen Topf schmelzen lassen, die gehackten Zwiebeln darin schmoren, bis sie golden sind, dann nacheinander die Rübe, die Kartoffel und die Sellerie zugeben, nach 10 Min. den Lauch und alles insgesamt ¼ Std. schmoren, mit kochendem Wasser oder Gemüsebrühe ablöschen und 35 Min. kochen lassen. Dann die währenddessen erhitzte Milch zugießen und nochmals 15 Min. weitergaren.

Inzwischen die Brotscheiben in der restlichen Butter kross braten, den Käse in Scheiben schneiden, die Croûtes damit belegen und im Ofen bei 180° C (Gas Stufe 2) den Käse schmelzen lassen. Die Suppe in eine Terrine geben und direkt vor dem Servieren mit den Brotscheiben belegen.

Suppen und Eintöpfe

ERBSENSUPPE SAINT-GERMAIN *
Potage Saint-Germain

Île-de-France

Jede Hausfrau, jeder Bauer, jeder Kleinstädter zog sich früher in dem dafür idealen Klima der Île-de-France seine eigenen Erbsen. Deswegen muß auch diese dort kreierte Suppe aus frisch gepalten, möglichst zarten jungen Erbsen zubereitet werden, die offenbar die Leibspeise eines nicht mehr ganz so jungen und zarten Herrn waren, der unter Ludwig XV. Kriegsminister war: des Herzogs von Saint-Germain. Dem kulinarisch genügsamen Militär sind zwar auch Erbspürees und andere Gerichte mit Erbsen gewidmet, aber Potage Saint-Germain ist sicher die ruhmreichste der Erfindungen in seinem Namen.

750 g frische Erbsenschoten
100 g frischer gepökelter Bauchspeck
50 g Butter
3 junge kleine Zwiebeln
1 Kräuterstrauß aus 2 Zweigen frischem Bohnenkraut (unverzicht-
bar), 1 Lorbeerblatt und 2 Zweigen glatter Petersilie
1 ½ l Gemüsebrühe
Salz, weißer Pfeffer
4 EL Sahne
1 EL Kerbel

Die frischen Erbsen palen.

Die Schwarte vom Speck abschneiden, den Speck im kochenden Wasser kurz blanchieren, abtropfen lassen und trocknen. In sehr feine Streifen schneiden.

Die Butter in einem großen Topf zerlassen, zuerst den Speck darin anbraten, bis er Farbe bekommt, aber noch nicht knusprig ist; die geschälten und feingehackten Zwiebeln zugeben und alles auf kleiner Flamme knapp 5 Min. lang glasig dünsten; dabei immer wieder mit einem Holzlöffel umrühren. Dann Erbsen und Kräuterstrauß zugeben, mit der Gemüsebrühe aufgießen, salzen und pfeffern. Zum Kochen bringen, 20 – 25 Min. köcheln lassen.

Den Topf vom Herd nehmen, einen Schöpflöffel Erbsen entnehmen und in einer vorgewärmten Suppenterrine zur Seite stellen. Die Suppe abseihen, so daß Kräuter und Speck zurückbleiben, pürieren und mit einem Schneebesen die Sahne unterrühren. Die Suppe in die Terrine über die Erbsen gießen, den gehackten Kerbel darüber geben. Mit einer Baguette servieren.

Suppen und Eintöpfe

KRÄUTERSUPPE   *

Potage purée d'herbes

1 Handvoll Spinatblätter
1 Handvoll Kopfsalatblätter
einige Sauerampferblätter
½ Handvoll gemischter frischer Gartenkräuter wie Kresse, Portulak und Kerbel
1 Stange Lauch
3 EL Butter
1 l Wasser
Salz, Pfeffer
250 g mehligkochende Kartoffeln

Blätter verlesen, waschen und trocknen. Das Weiße vom Lauch in Ringlein schneiden, waschen und trocknen, die geschälten Kartoffeln fein würfeln. Blätter, Kräuter und Lauch in einem Topf in der zerlassenen Butter anschmoren lassen. Das Wasser zugießen, Kartoffelwürfel beigeben, salzen und pfeffern. Das Ganze zugedeckt ca. 20 Min. köcheln lassen, bis die Kartoffeln weich sind. Die Suppe durch ein Sieb streichen und sehr heiß servieren.

KAROTTENPÜREESUPPE ✽
Potée Crécy

Wenn es authentisch zugehen soll, müssen Potées in einer feuerfesten Ton-Kasserolle mit Deckel zubereitet werden. Wer in der Provence Urlaub macht, kann sie dort in einem der schönen Töpferläden günstig kaufen.

Diese Karottenpüreesuppe hat ihren Namen keineswegs von der berühmten Schlacht bei Crécy, wo 1346 Englands König Eduard II. mit Bogenschützen und abgesessenen Kriegern die zahlenmäßig weit überlegenen, herkömmlich kämpfenden Franzosen besiegte.

Sie heißt so, weil aus der Region um Crécy wie auch aus der von Croissy und Meaux besonders delikate und zarte Karotten kommen. Besonders fein wird die Suppe, wenn sie mit ganz jungen, runden Karotten zubereitet wird, die gar nicht geschabt zu werden brauchen.

2 EL Butter
¾ Tasse feingeschnittene Zwiebeln
3 Tassen feingeraspelte Karotten
1 l Hühnerfond (s. Glossar)
2 EL Reis
Salz, weißer Pfeffer
½ Tasse süße Sahne
1 EL weiche Butter

In einem schweren Topf, der 3 bis 4 l faßt, 1 EL Butter bei mittlerer Hitze zergehen lassen, Zwiebeln darin goldgelb dünsten, dann die Karotten, die Brühe und den Reis zugeben und ohne Deckel ½ Std. auf kleiner Flamme köcheln lassen. Dann das Ganze pürieren, mit Salz und Pfeffer würzen und mit der Sahne legieren. Direkt vor dem Servieren nochmals aufkochen, die restliche weiche Butter einrühren.

Suppen und Eintöpfe

Suppe mit Speck und Buchweizen *
Soupe au sarrasin et au lard

Bretagne

»Sarrasin« heißt eigentlich Sarazene. Das erinnert an die Herkunft des Buchweizens: Der kam nämlich Ende des 14. Jahrhunderts aus dem Orient nach Frankreich und wurde bei den Bretonen schnell zu einem Grundnahrungsmittel, aus dem sie Brot backten, Pfannkuchenteig herstellten und eben auch Suppen. Diese Buchweizensuppe war oft die Hauptmahlzeit armer Bauern, angereichert mit Brotwürfeln, die in Schweineschmalz kross geröstet wurden.

200 g geräucherter Speck
2 Schalotten
25 g Schweineschmalz
1 Bouquet garni
5 Pfefferminzblätter

1 Selleriestange
1 l Hühnerfond
100 g Buchweizenmehl
1 Prise Muskatnuß
Salz, Pfeffer

Den Speck in schmale Streifen schneiden und in kochendem Wasser 2 Min. blanchieren. Die Schalotten schälen und fein hacken. Beides zusammen im heißen Schweineschmalz unter Rühren 5 Min. schmoren. Das Bouquet garni, dazugebunden die Minze und die Selleriestange, beigeben, ½ l Hühnerfond aufgießen, 10 Min. kochen lassen. Das Bouquet garni, Sellerie und Minze entfernen.

Buchweizenmehl in eine Schüssel geben, mit einem Schneebesen nach und nach die restliche kalte Geflügelbrühe unterrühren, bis ein glatter Brei entstanden ist. Den Brei durchpassieren, dann in die Brühe geben und unter ständigem Rühren mit einem Holzlöffel zum Kochen bringen. Mit Pfeffer, Muskatnuß und Salz abschmecken.

Die Suppe unter dauerndem Rühren 10 Min. köcheln lassen, den Schaum immer wieder mit dem Schaumlöffel abschöpfen. Sehr heiß servieren.

GEMÜSEEINTOPF NACH ART DER GASCOGNE
Garbure

**

Sie ist kein zartes Wesen, sondern eine handfeste Persönlichkeit und dafür in Frankreich berühmt-berüchtigt. Vor allem aber soll sie dick sein, so dick, daß der Löffel drin stecken bleibt. Den Namen hat sie übrigens von dem Wort »garbe«, was einfach eine Zusammenstellung von Gemüsen bedeutet. Ursprünglich ein Gericht der Bauern des Béarn, begeisterte die Garbure sogar einen Meister wie Manon, einen berühmten Koch des 18. Jahrhunderts, der ein klassisches Rezept dafür in sein Buch über die Geheimnisse der Kochkunst aufnahm. Die bekanntesten Garbures stammen aus Pau, Trehoux und Hendaye.

60 g weiße Bohnenkerne
1 Zwiebel, gespickt mit zwei Nelken
1 kleine Karotte
1 Bouquet garni
1 mittelgroße weiße Rübe
2 große Karotten
¼ Kopf Weißkohl
3 Stangen Lauch

2 mittelgroße Kartoffeln
3 Stangen Bleichsellerie
6 EL Butter
1 ½ l Hühnerfond
Salz, Pfeffer
½ Baguette
50 g Gruyère
2 EL gehackte Petersilie

Die getrockneten Bohnen in einen großen Topf geben, 5 cm hoch mit Wasser bedecken und zum Kochen bringen. Deckel auflegen, vom Feuer nehmen, 1 Std. quellen lassen. Dann abgießen und mit der gespickten Zwiebel, der kleinen Karotte und dem Bouquet garni wieder in den Topf geben, mit Wasser bedecken und ca. 2 ½ Std. köcheln lassen. Sind die Bohnen weich, abgießen und Zwiebel, Karotte und Bouquet garni wegwerfen.

Die Rübe schälen und in dünne Scheibchen schneiden, die

Suppen und Eintöpfe

Möhre in Scheiben schneiden, den Kohl waschen und in feine Streifen schneiden, die weißen Teile des Lauchs in Ringlein schneiden und dann waschen, die Kartoffeln schälen und in Scheibchen schneiden. Die Bleichsellerie waschen und in kleine Stücke schneiden.

In einem großen schweren Topf 2 EL Butter zerlassen, das geputzte und zerkleinerte Gemüse zugeben und ein mit Butter eingefettetes Stück Alufolie auf das Ganze drücken. Deckel auflegen und unter gelegentlichem Umrühren ca. 20 Min. lang garen. Gegarte Bohnen, Hühnerfond, Salz und Pfeffer zugeben, Deckel auflegen und nochmals 20 Min. köcheln lassen.

Die Baguette in Scheiben schneiden und in Butter zu röschen Croûtes braten. Backofen auf 190° C vorwärmen (Gas Stufe 3). Mit dem Schaumlöffel ein Viertel des Gemüses entnehmen und pürieren, dieses Püree dann in etwas zerlassener Butter anwärmen und köchelnd eindicken, bis es dick ist wie Kartoffelbrei. Auf die Croûtes häufen, mit geriebenem Käse bestreuen und im vorgeheizten Backofen ca. 10 Min. backen, bis sie goldbraun sind.

Die Suppe derweil wieder erhitzen, wenn nötig mit Fond oder Wasser verdünnen – sie sollte sahnedick sein. Die übrige Butter unterrühren, mit gehackter Petersilie bestreuen und die Croûtes getrennt davon servieren. Dazu paßt ein roter Côtes-du-Roussillon, ein körperreicher Wein aus den Pyrenäen.

PROVENZALISCHER SPINATEINTOPF **
Epinards en bouillabaisse

Zwar nennt sich dieser rustikale Eintopf »Bouillabaisse«, hat aber mit der international bekannten Fischsuppe desselben Namens nichts zu tun. Ihren Namen hat sie schließlich nicht von irgendwelchem Meeresgetier, sondern vom provenzalischen bouiabaisso, abgeleitet von bouillir (kochen) und abaiser (Hitze reduzieren). Zu deutsch: gemeint ist etwas, das auf kleiner Flamme köcheln soll, wie auch dieser Eintopf.

1 kg Spinat
3 EL Olivenöl
2 Zwiebeln
6 festkochende Kartoffeln

1 Fenchelknolle
2 Knoblauchzehen
4 Eier
Salz, Pfeffer, Safran

Den Spinat gründlich putzen, waschen und dann 5 Min. im kochenden Salzwasser blanchieren. Abgießen und abschrecken mit kaltem Wasser, abtropfen lassen und fein hacken. Die geschälte gehackte Zwiebel im Olivenöl golden dünsten, den gehackten Spinat einrühren und beiseite stellen. Die Kartoffeln, den von seinem Kern befreiten und fein gehackten Fenchel und den gehackten Knoblauch in einer anderer Kasserolle in Olivenöl anschmoren, dann zu dem Spinat geben und mit 1 l kochendem Wasser aufgießen. Zugedeckt auf kleiner Flamme köcheln lassen, bis die Kartoffeln weich sind. Pro Person eine Brotscheibe anrösten, dann pro Person ein Ei pochieren. Je eine Brotscheibe in die Suppenteller geben, das pochierte Ei darauf betten und sachte die Suppe darauf schöpfen.

Suppen und Eintöpfe

Eintopf aus weissen Bohnen **

Cassoulet

Languedoc

Klassiker werden meistens nicht wörtlich zitiert, sondern dem Volksmund angepaßt. So geht es auch dem Cassoulet, diesem Klassiker der einfachen südfranzösischen Küche. Die bekanntesten Varianten stammen aus Toulouse, Carcassonne und aus Castelnaudary. Der große Koch Prosper Montagné hat gesagt, das Cassoulet sei »der Gott der okzitanischen Küche und zwar ein dreieiniger. Der Vater ist das Cassoulet von Castelnaudary, der Sohn das Cassoulet von Carcassonne und der heilige Geist das von Toulouse.«

Hier nun der väterliche Teil jener irdischen Trinität.

500 g weiße Bohnenkerne
4 mittelgroße Zwiebeln
6 Gewürznelken
100 g Schwarte vom frischen Speck
6 Knoblauchzehen
1 Bouquet garni
2 zusätzliche Lorbeerblätter

Salz, Pfeffer
250 g Knoblauchwurst
400 g Hammelschulter
300 g Schweineschulter
100 g Bauchspeck
4 EL Gänseschmalz
3 sehr reife Fleischtomaten
3 EL Semmelbrösel

Die Bohnenkerne über Nacht (ca. 12 Std.) in kaltem Wasser einweichen.

Am nächsten Tag 1 geschälte Zwiebel mit den Nelken spicken. Die Speckschwarten in kochendem Wasser blanchieren. Die Bohnen mit dem Einweichwasser in einen Topf schütten, salzen, die gespickte Zwiebel, die Speckschwarten, das Bouquet garni und 3 Knoblauchzehen dazugeben und alles ca. 1 Std. kochen. Die Knoblauchwurst einlegen und 30 Min. mit den Bohnen kochen lassen.

Die Hammelschulter und den Schweinerücken auslösen, das Fleisch in grobe Würfel schneiden, den Bauchspeck in sehr feine. In einem schweren Schmortopf die Hälfte vom Gänse-

Les soupes et les potages

schmalz erhitzen, das Fleisch und den Speck darin anbraten. Hat das Fleisch Farbe angenommen, die übrigen Zwiebeln, feingehackt, hinzufügen. Die zusätzlichen beiden Lorbeerblätter beigeben, ebenso die 3 übrigen geschälten, im Mörser mit Salz zerriebenen Knoblauchzehen. Das Ganze mit der Kochbrühe aus dem Bohnentopf ablöschen, so daß ein dickes Ragout entsteht. Die Tomaten überbrühen, enthäuten, würfeln und an das Ragout geben, das jetzt zugedeckt im Schmortopf 2 Std. garen muß. Währenddessen die weichgekochten Bohnen abgießen. Eine Auflaufform mit den Speckschwarten auskleiden, die Hälfte der Bohnen darauf verteilen. Das Ragout darauf schöpfen. Die Knoblauchwurst aus dem Bohnentopf in dicke Scheiben schneiden, unter die restlichen Bohnen mischen und auf dem Ragout verteilen, das Ganze mit Semmelbröseln bestreuen und mit dem Rest des Gänseschmalzes beträufeln. Im auf 180° C (Gas Stufe 2) vorgeheizten Backofen 1½ Std. backen. Währenddessen immer mal wieder die Kruste durchbrechen, damit der Schmorsaft austreten kann.

MEERAAL-SUPPENTOPF **

Potée de congre

Bretagne

»Königin der Wollust« oder (was dasselbe meint) »Helena der Tafel« wurde etwas genannt, bei dessen Form auch Laien-Psychologen eher männliche Assoziationen haben: der See- oder Meeraal. Aber seine Ähnlichkeit mit Schlangen und seine schleimige, schuppenlos wirkende Haut haben leider dazu geführt, daß er zugleich mystifiziert wurde als ein unheimliches Wesen. Aristoteles behauptete sogar, der Aal werde aus dem Schlamm geboren. Seeaal ist (im Gegensatz zum Flußaal) ein preiswerter Fisch. Trotzdem wird er in der Gastronomie wie in den privaten Küchen viel zu selten verwendet.

Wichtig: lassen Sie sich ein Stück Seeaal direkt unterhalb des Kopfes geben, das hat deutlich weniger Gräten.

1 kg abgezogener Seeaal am Stück und an der Gräte
3 Karotten
3 Zwiebeln
2 kleine weiße Rüben (Navets)
2 Lauchstangen, weißer Teil
2 Knoblauchzehen
2 Schalotten
1 Bund Petersilie
1 Zweig Pfefferminze
75 g Butter

Für die Court bouillon (s. Glossar):
1 Meeraalkopf
1 Zwiebel
1 Karotte
2 Lorbeerblätter
einige Wacholderbeeren
1 Bouquet garni
Salz, weißer Pfeffer
2 ½ l Wasser

Die Zutaten zur Court bouillon in das kochende Wasser geben und ½ Std. kräftig durchkochen. Abseihen.

Den (im Fischgeschäft bereits ausgenommenen) Meeraal waschen und trocknen.

Alle Gemüse waschen, putzen und kleinschneiden und sie

Les soupes et les potages

dann in der Butter mit etwas Salz auf kleiner Flamme ca. 5 Min. schmoren und dabei mit einem Holzlöffel umrühren. Dann langsam die Court bouillon zugießen. Die Petersilie fein wiegen und zugeben, die Suppe zugedeckt auf kleiner Flamme 10 Min. schmoren lassen. Dann das Stück Meeraal obenauf legen und zugedeckt nochmals 20 Min. auf kleiner Flamme sachte garen. Den Fisch entnehmen, abtropfen lassen und entgräten. In Stücke schneiden, diese in die Suppe geben und nochmals ganz kurz erhitzen.

Die Butter in die Suppenterrine legen, Suppe und Fisch hineinschöpfen und mit der gehackten Minze servieren.

Suppen und Eintöpfe

EINTOPF BRETONISCHE ART **
Le Kig ha farz

Was so exotisch klingt, war Jahrhunderte lang das Festessen der einfachen Bretonen und ist es bis heute geblieben.

Kig meint den Eintopf, farz (manchmal auch faz) bezeichnet eine Buchweizengrütze. Sie wird in einem Leinenbeutel gekocht. Wenn Sie einen kaufen, vorher von der Appretur befreien. Aber Sie können auch einfach den Ärmel eines nicht mehr getragenen Leinenhemds abschneiden und unten gut zunähen.

Es wird traditionell in einer großen Menge – für 8 bis 10 Personen – gekocht.

Sie brauchen dazu also einen großen Schmortopf oder einen Kochtopf mit gutem Boden. Le Kig ha farz ist ein sinnliches Winteressen, das wegen seiner, für uns heute ungewohnt bäuerlichen Art für eine ganz besondere Stimmung sorgt.

3 Zwiebeln
3 Gewürznelken
1 ½ kg gepökelte Schweinshachse
1 kg Querrippe oder Beinfleisch vom Rind
1 Bouquet garni
grobes Meersalz
Pfefferkörner
6 Knoblauchzehen
1 großer Wirsingkopf
½ Sellerieknolle
10 weiße Rübchen

10 Mohrrüben
10 Stangen Lauch
1 Knoblauchwurst zum Kochen

Für den farz (die Buchweizengrütze):
500 g Buchweizenmehl
10 g Salz
2 Eier
½ l Milch
0,4 l Sahne

Die geschälten Zwiebeln mit je 1 Nelke spicken, die Knoblauchzehen schälen.

Alles Fleisch ohne die Wurst in 5 l Wasser aufsetzen, das Bouquet garni, das Meersalz, die Pfefferkörner, die Zwiebeln und die Knoblauchzehen zugeben. Zum Kochen bringen, dann bei reduzierter Hitze 1½ Std. köcheln lassen. Immer wieder den Schaum abschöpfen.

Währenddessen den geputzten Wirsing vierteln, den Strunk entfernen, und in kochendem Wasser 5 Min. blanchieren, abtropfen lassen und in den Fleischtopf geben. Die geschälte und nochmals halbierte Sellerie, die geschälten weißen Rübchen und die geschabten Mohrrüben ebenfalls dazugeben. Die weißen Teile vom Lauch waschen und je 5 Stück mit Küchengarn zusammenbinden und auch in den Fleischtopf geben.

Nun den farz vorbereiten: Das Buchweizenmehl in eine große Schüssel geben, in eine Mulde in der Mitte Salz, Eier und Sahne schütten, alles mit einem Spatel vermischen und allmählich die Milch unterrühren. Wenn der farz eine glatte Masse ist, in den nassen Leinenbeutel füllen, sehr gut verschnüren und in dem Fleischtopf 2 Std. leise köcheln lassen. Bei Bedarf vor dem Servieren die Brühe nochmals abschmecken.

Nun die Kochwurst mehrmals mit einer Gabel einstechen und ½ Std. vor Ende der Garzeit zu den übrigen Zutaten in den Topf geben. Dann zuerst das Fleisch aufschneiden, auf eine vorgewärmte Platte betten, das Gemüse entnehmen, rundum drapieren und alles warmstellen. Jetzt den farz aus der Brühe nehmen und 15 Min. ruhen lassen. Mit den Händen auf einer Arbeitsfläche walken, aus dem Leinenbeutel holen, grob zerpflücken und diese Stücke zu Fleisch und Gemüse geben. Zuerst die Brühe in einer Terrine mit etwas Brot auftragen, danach das Fleisch mit Gemüsen und farz.

Variante:

In der Bretagne wird der farz als Ganzes aus dem Sack geholt, in Scheiben geschnitten und mit Flocken gesalzener Butter garniert.

KÄSETORTE ✵✵
Quiche au fromage

Das Wort »Quiche« leitet sich ab vom deutschen Wort »Kuchen« und war von jeher eine Spezialität der Elsässer und Lothringer. Früher stellte man den Boden aus Brotteig her, heute aus Blätterteig oder Mürbeteig – ganz authentisch aus Pâte brisé.

Der Pâte brisé – der geriebene Teig – wird für die verschiedensten salzigen wie süßen Gebäcksorten, Pasteten und Aufläufe verwendet. Wichtig ist, daß er wirklich nicht nur mit kühlem Kopf, sondern auch mit kühler Hand zügig zubereitet und auf keinen Fall geknetet und durchgearbeitet wird. Für eine authentische Quiche ist er unverzichtbar und kann nicht durch Tiefkühl-Blätterteig ersetzt werden. Hier das Basis-Rezept:

500 g Mehl
300 g eisgekühlte Butter,
  in Stückchen von ½ cm
  geschnitten
1 Ei
¼ TL Salz
1 EL Zucker
ein kleines Glas mit
  Eiswasser

Das Mehl in eine große, eisgekühlte Rührschüssel schütten; in die Mitte eine Vertiefung drücken, in die das Salz und das Ei gegeben werden. Die Butter in kleinen Flocken am Rand verteilen. Zuerst alles von außen nach innen mit einer Gabel vermischen, dann den Teig mit kühlen Fingerspitzen so lange reiben, bis die Masse Streusel bildet. 3 EL Eiswasser in einem Schwung über diese Mischung gießen, alles leicht umwenden und daraus zügig eine Kugel formen. Sollte der Teig noch zu krümelig sein, tropfenweise nochmals 2 EL Eiswasser zugeben. Dann den Teig mit etwas Mehl bestäuben und in Pergamentpapier einwickeln. Er muß jetzt unbedingt 3 Std. im Kühlschrank ruhen und soll erst 5 Min. vor dem Ausrollen wieder entnommen werden. Er sollte jetzt hart und widerstandsfähig wirken.

Les quiches et les tartes

Je nach Rezept den gesamten Teig, ein Drittel oder die Hälfte verwenden. Was übrig bleibt, gibt eine süße Tarte zur Nachspeise, kann aber auch einige Tage aufbewahrt werden.

Für Quiches und Tartes, die in einer Form von ca. 24 cm Durchmesser gebacken werden, genügt die Hälfte der angegebenen Menge.

Die Teigkugel auf ein mehlbestäubtes Brett legen, zu einem ca. 2½ cm dicken Fladen drücken, von beiden Seiten mit Mehl bepudern und von der Mitte, nicht ganz bis zum Rand auswellen. Den Teig anheben, um 45 Grad drehen und die Prozedur wiederholen. Immer wieder anheben, drehen, ausrollen, bis er nur noch 3 mm dick ist und 30 cm Durchmesser hat.

Die Quiche- oder Springform ausbuttern. Den Teig über das Nudelholz schlagen, in die Form abrollen lassen und dort vorsichtig am Boden festdrücken, ohne ihn auseinanderzuziehen. Dann mit dem Nudelholz fest über den Rand der Form rollen, um den überhängenden Teig abzudrücken. Mit einer Gabel

Salzige Torten und Blechkuchen

mehrmals den Boden einstechen, ohne ihn zu durchstechen. 1 Std. im Kühlschrank kühlen. Im 200° C (Gas Stufe 3) heißen Backofen auf mittlerer Schiene 10 Min. backen. Es empfiehlt sich dabei, die Form mit einer gebutterten Alufolie zu bedecken, die man an der Innenseite so andrückt, daß sie die Teigränder stabilisiert. Die Form aus dem Ofen nehmen, Folie entfernen, den Boden nochmals einstechen und nochmals ca. 3 Min. backen, bis sich der Teig von den Rändern der Form zu lösen beginnt. Aus dem Ofen nehmen und abkühlen lassen.

Für die Käsefüllung:
1 TL Butter
6 Scheiben magerer geräucherter Speck in 6 mm große Stücke geschnitten
2 Eier und 2 Eigelb
1 ½ Tassen süße Sahne
½ TL Salz

Pfeffer
1 Tasse geriebener Schweizer Käse oder je zur Hälfte Schweizer Käse und frisch geriebener Parmesan gemischt
2 EL Butter, in kleine Stückchen geschnitten

Den Backofen auf 180° C (Gas Stufe 2) herunterschalten. In einer schweren Pfanne bei mäßiger Hitze die Butter zergehen lassen, den Speck darin kross braten und auf Küchenkrepp abtropfen lassen. Die Eier, die Eigelb, Sahne, Pfeffer und Salz mit dem Schneebesen zusammenschlagen, den geriebenen Käse unterrühren. Die Form mit dem Quiche-Boden auf ein Kuchenblech setzen, die Speckwürfel auf dem Boden verteilen, die Käsecreme darauf schöpfen. Sie darf aber nicht bis an den Rand der Form herankommen. Die Oberfläche mit Butterflöckchen belegen und ca. 25 Min. im oberen Drittel des Backofens goldgelb backen.

ZWIEBELKUCHEN ✶✶
Tarte à l'oignon

Elsaß

Pâte brisé nach Rezept S. 71 zubereiten und ruhen lassen. Auch für den Zwiebelkuchen wird nur die Hälfte der angegebenen Menge benötigt. Auswellen und in die Tarte-Form von ca. 24 cm Durchmesser betten, aber nicht vorbacken.

1 kg Zwiebeln
3 EL Butterschmalz
⅛ l Vollmilch
2 EL Grieß
1 Ei

Salz, Pfeffer
Butter für die Form
120 g durchwachsener Speck
in Scheiben

Die geschälten Zwiebeln in feine Ringe hobeln, im Butterschmalz glasig dünsten, ohne daß sie braun werden. Milch zugeben und das Ganze etwas einkondensieren, dann die Masse mit dem Grieß binden, mit Salz und Pfeffer würzen und auf den Pâte-brisé-Boden geben.

Die Speckscheiben in feine Streifen schneiden, darauf verteilen. Bei 250° C (Gas Stufe 4) ca. ½ Std. auf mittlerer Schiene backen.

LOTHRINGER SPECKKUCHEN **
Quiche lorraine

Daß den Reichen zuweilen ihr standesgemäßer Hummer zum Hals heraushängt und sich eine wilde Gier nach herzhafter Hausmannskost ihrer bemächtigt, das ist nicht neu: die Herzöge von Nancy setzten bereits im 16. Jahrhundert ein Gericht auf ihren Speisezettel – und zwar auch auf den für Galadiners – das eigentlich bei Bauern, Winzern und in einfachen Gasthäusern beliebt war. Zum Beispiel in der vielbesuchten Herberge des alten Callot in Nancy, Großvater des berühmten Kupferstechers Jacques Callot. Dort war ein Leibgericht der Stammgäste die landesübliche Quiche lorraine. Die Verwendung von Käse oder gedünsteten Zwiebeln bei der Quiche lorraine grenzt für Traditionalisten an Perversion.

Pâte brisé nach Rezept S. 71 zubereiten und ruhen lassen.

Für eine Springform von 24 cm Durchmesser genügt die Hälfte der angegebenen Menge. Die Form mit dem Teig auslegen und in den Kühlschrank stellen.

3 Eier
2 Eigelb
¼ l Milch
¼ l Sahne
Salz, Pfeffer
geriebene Muskatnuß
200 g magerer geräucherter Speck
20 g Butter
1 l Wasser

Den Backofen auf 220° C (Gas Stufe 4) vorheizen, während der Belag vorbereitet wird. Dazu die Eigelb und die Eier in einer Schüssel mit der Gabel verquirlen. Milch und Sahne unterrühren. Behutsam salzen (der Speck gibt später Salz ab), mit Pfeffer und Muskatnuß abschmecken.

Die Schwarte vom Speck entfernen, den Speck in kleine Würfel schneiden, in kochendem Wasser blanchieren, abgießen und gut abtropfen lassen. Die Butter in einer Pfanne heiß werden lassen, die abgetrockneten Speckwürfel hineingeben und unter Rühren mit einem Holzspatel 4 Min. braten, bis der Speck Farbe annimmt. Dann auf ein Sieb legen und erneut abtropfen lassen.

Die Form mit dem Teig aus dem Kühlschrank nehmen, Speckwürfel auf dem Boden verteilen, die Eiercreme darübergießen und die Quiche im vorgeheizten Ofen auf mittlerer Schiene 5 Min. bei 220° C backen, dann auf 180° C herunterschalten und noch 25 Min. goldbraun backen.

Die Quiche aus der Form nehmen und lauwarm servieren.

Salzige Torten und Blechkuchen

ANCHOVISFLADEN ✱✱
Pissaladière

Provence

Pissaladière ist ein Klassiker der einfachen Küche für die Provenzalen, für Fremde aber eine bewußte Irreführung: Sie halten das Ganze für das provenzalische Pendant zur Pizza, denn der Name und die Zubereitungsart erinnern daran. Aber dieses Gericht heißt nach einem Anchovispüree, einer Spezialität aus Nizza, das es dort auch fertig im Glas überall zu kaufen gibt und Pissala genannt wird. Die Pissaladière läßt sich ebenso gut mit überall erhältlichen Anchovisfilets zubereiten.

Für den Teig:
250 g Mehl
10 g Hefe
¹/₁₆ l lauwarmes Wasser
1 TL Salz
Mehl zum Bestäuben

Für den Belag:
750 g Zwiebeln
0,1 l Olivenöl
12 Anchovisfilets
3–4 Knoblauchzehen
12 schwarze Oliven

Das Mehl in eine Schüssel geben, in die Mitte eine Mulde drücken, die Hefe hineinbröckeln, das Wasser aufgießen, etwas Mehl darüberstäuben und diesen Vorteig 30 Min. gehen lassen. Dann die Zutaten durchmischen, salzen und den Teig solange schlagen, bis er Blasen wirft und sich von der Schüssel löst. Mit Mehl bestäuben und nochmals etwa 2 Std. bei Zimmertemperatur, zugedeckt mit einem Küchenhandtuch, gehen lassen.

Währenddessen die geschälten Zwiebeln fein hacken, das Öl bis auf 1 TL in eine Kasserolle geben und die Zwiebeln darin auf sehr kleiner Flamme 1 Std. lang garen, ohne daß sie braun werden. Dann die Zwiebeln in ein Sieb geben, das auf eine Schüssel gestellt wird, die ablaufende Schmorflüssigkeit auffangen und unter den Teig kneten. Auf einer bemehlten Fläche den Teig ausrollen und eine mittelgroße Springform mit nicht zu hohem Rand oder eine Tarte-Form damit auslegen. Die Zwiebelmasse darauf verteilen, die Anchovis-Filets sternförmig darauf anordnen.

Den Backofen auf 180° C (Gas Stufe 2) vorheizen.

Die geschälten Knoblauchzehen in feine Stifte schneiden, die Oliven halbieren und den Stein entfernen. Knoblauch und Oliven dekorativ zwischen den Anchovisfilets verteilen. Den Fladen mit dem verbliebenen TL Olivenöl beträufeln und im vorgeheizten Backofen 40 Min. lang backen.

Dazu ein roter Côtes-de-Provence.

MOHNTORTE ✴✴
Quiche touloise

Lothringen

Für den Teig:
300 g Mehl
150 g weiche Butter
1 Ei
Salz
2 EL Wasser

Für den Belag:
400 g Mohn, gemahlen
0,3 l Vollmilch
7 gestrichene EL Grieß
Salz
2 Eier
150 g Crème fraîche

Aus dem Mehl, der Butter, dem Ei und dem Salz einen Teig kneten und 2 Std. ruhen lassen.

Währenddessen ⅓ der Milch erwärmen, den Mohn damit befeuchten. Den Rest der Milch salzen, zum Kochen bringen, den Grieß einrühren und unter Rühren nochmals aufkochen lassen. Mit der Mohnmasse mischen, Eier und Crème fraîche unterziehen. Den Teig in 2 Teile von ca. ⅗ und ⅖ aufteilen (die viel belächelten nicht gleich großen Hälften) und ausrollen für eine runde Form von ca. 24 cm Durchmesser. Die größere Teigplatte in eine ausgebutterte niedrige Spring- oder Tarteform als Boden betten, die Ränder hochziehen. Die Mohn-Grieß-Masse daraufgeben, mit der kleineren Teigplatte abdecken. Die Ränder zusammendrücken, in der Mitte einen Schornstein (s. Glossar) machen, damit der Dampf abziehen kann. Im vorgeheizten Backofen bei 190° C (Gas Stufe 2–3) 45 Min. backen.

Dazu ein Lothringer Rosé.

Virginie Taittinger

*Marketing- und Communication-
Managerin u.a. von
Champagne Taittinger,
Fernsehmoderatorin
Jahrgang 1961
Geboren in Reims*

Wenn Sie zwei Wochen lang jeden Tag das gleiche essen müßten, wofür würden Sie sich entscheiden?
Für Reis mit verschiedenen Arten von Sauce.

Auf welchen kulinarischen Luxus können Sie mühelos verzichten?
Auf Kaviar und Foie gras (Stopfleber).

Was war Ihre Leibspeise in der Kindheit?
Schinkennudeln mit Käse.

Was sind für Sie die drei Grundbestandteile der französischen Küche?
Butter, Sahne und verschiedene Kräuter.

Hätten Sie nur eine ganz schmale Rente: Wovon würden Sie sich vor allem ernähren?
Von Nudeln und Gemüse.

Sinnlose Verschwendung: Woran denken Sie da im Bereich Essen und Trinken?
An affektierte Neu-Kreationen aus teuersten Zutaten.

Virginie Taittinger

Welches ist für Sie das beste klassische Gericht Ihrer Heimat?
Champagnersauerkraut.

Was ist der schlimmste gastronomische Brauch des 20. Jahrhunderts?
Grünen oder roten Pfeffer oder gar Kiwi in alle möglichen Gerichte zu tun.

Bei welchem Essensduft werden Sie schwach?
Bei dem von allen traditionellen französischen Gerichten, die einige Stunden geschmort haben.

Sie bereiten ein Liebesmenü für zwei, das sich auch ein Student oder Lehrling leisten könnte. Was gibt es zu essen, was gibt es zu trinken?
Wenig, dafür verführerisch: für jeden ein Glas Champagner mit kleinen, nicht zu süßen Kuchen. Oder je einen guten Rotwein mit Käse.

Welches französische Gericht ist zu Unrecht vergessen?
Purée de pois cassés (Erbspüree), Pissenlits au lard (Löwenzahnsalat mit Speck), Pieds de cochon (Schweinsfüße).

Wenn Sie in Frankreich authentisch, einfach, gut und preiswert essen wollen. Wo gehen Sie hin?
In eine ländliche Auberge, am liebsten im Périgord.

Les quiches et les tartes

KRÄUTERKUCHEN ∗∗
Tarte aux herbes

Provence

Kräuter sind für die einfache Küche in Frankreich so unverzichtbar wie für die hohe. Schon La Varenne führte in seinem 1651 erschienenen Kochbuch ›Le Cuisinier François‹ alle Kräuter auf, die in diesen Kräuterkuchen gehören, darüber hinaus Portulak, Rosmarin, Thymian und alle die anderen köstlichen Aromaten Frankreichs. Diese Tarte ist ein billiges und delikates Sommergericht, das mit einem fruchtigen provenzalischen Weißwein ein perfektes leichtes Mittagsmahl abgibt.

Für den Teig:
150 g Mehl
1 Prise Salz
85 g Butter
1 Eigelb, verrührt mit 1 EL Vollmilch

Für den Belag:
1 Knoblauchzehe
2 Eier und 2 Eigelb
150 ml Sahne
60 g gemischte frische Kräuter (Petersilie, Schnittlauch, Estragon, Kerbel, Pimpinelle, wenig Dill, Sauerampfer u.a.m. nach Belieben, alles sehr fein gehackt)
Salz und frisch gemahlener Pfeffer

Das Mehl in eine Schüssel sieben, Salz darüber streuen, die Butter in kleinen Flöckchen zugeben. Mit der Eigelb-Milch-Mischung zu einem glatten Teig verkneten. Den Teig einwickeln und 30 Min. lang kühl stellen, dann so ausrollen, daß er in eine niedrige Spring- oder Tarteform von ca. 24 cm Durchmesser paßt. In die ausgebutterte Form betten, den Boden mehrmals einstechen und im vorgeheizten Ofen bei 200° C (Gas Stufe 3) 10–15 Min. lang backen, bis er gar, aber noch nicht gebräunt ist. Die Form aus dem Ofen nehmen, den Backofen auf 190° C (Gas Stufe 2–3) herunterschalten.

Für den Belag den Knoblauch schälen, auf eine Gabel spießen und mit dieser die Eier mit den Eigelb und der Sahne verschlagen (ein Trick von Escoffier, um nur ein ganz leichtes Knoblauchparfum zu haben, das zum Beispiel das der Kräuter nicht totschlägt). Die Kräuter hineinrühren, leicht salzen und pfeffern. Dann diese Mischung in die Form auf den Boden gießen und auf mittlerer Schiene 20 – 25 Min. backen, bis der Belag gar ist.

Diese Tarte kann heiß, lauwarm oder ganz kalt gegessen werden.

Les quiches et les tartes

TARTE MIT ZIEGENKÄSE UND KRAUTSALAT ✳︎

Tarte au fromage de chèvre et salade de chou vert

Poitou

Im Poitou wird natürlich nicht irgendein Ziegenkäse dafür hergenommen, sondern der beste und berühmteste der Gegend, der sich sowohl für salzige wie für süße Speisen eignet: der Cabichou. Seinen Namen hat der kleine Käse vom arabischen Wort chebli für Ziege, verkürzt chabi. Der reife Cabichou fermier schmeckt am besten im Herbst; der für dieses Rezept verwendete frische Molkereikäse schmeckt am besten im Frühjahr.

*Pâte brisé (s. S. 71) aus
  200 g gesiebtem Mehl,
  100 g Butter, 1 Eigelb,
  ½ TL Salz und 3–5 EL
  kaltem Wasser
1 kleiner Weißkohl von
  ca. 750 g
300 g Cabichou (Frischkäse)*

*Für die weiße Sauce:
400 ml Milch
3 EL Butter
3 EL Mehl
175 ml Crème fraîche
Salz und Pfeffer aus der
  Mühle
1 Msp. gemahlene Muskatnuß
1 Ei
2 Eigelb*

Die Pâte brisé zubereiten und 30 Min. kaltstellen, dann ausrollen und die ausgebutterte Backform damit auskleiden. Den Boden blindbacken (s. Glossar). Den Weißkohl von den äußeren Blättern und vom Strunk befreien und in feine Streifen schneiden. In einem großen Topf Salzwasser zum Kochen bringen, den Kohl zufügen, kurz aufkochen lassen, abgießen, mit kaltem Wasser abschrecken und zum Abtropfen zur Seite stellen.

Für die Sauce zuerst die Milch aufkochen, dann in einem

schweren Topf die Butter zerlassen, das Mehl einrühren und 1 Min. unter Rühren erhitzen. Den Topf vom Herd nehmen, die heiße Milch durch ein Sieb zugießen und mit dem Schneebesen unterschlagen. Die Sauce unter ständigem Rühren zum Kochen bringen, bis sie eingedickt ist. Crème fraîche zugeben, mit Salz, Pfeffer und Muskat abschmecken und noch 2 Min. köcheln lassen. Zum Abkühlen beiseite stellen.

Den Backofen auf 190° C (Gas Stufe 2–3) vorheizen, ⅓ des blanchierten Kohls auf dem Mürbteigboden verteilen, den Ziegenkäse darüberkrümeln. Ei und Eigelb unter die weiße Sauce ziehen und nochmals salzen und pfeffern. Den Kohl damit überziehen.

Die Tarte im vorgeheizten Ofen ca. eine ¾ Std. backen, bis sie fest und goldbraun ist. Aus der Form nehmen. Während sie auf Raumtemperatur abkühlt, mit dem übrigen blanchierten Kohl und einer Vinaigrette (s. S. 202) einen Salat bereiten. Zusammen mit einer Baguette servieren.

Les quiches et les tartes

KÄSEBRIOCHE MIT SCHNITTLAUCHBUTTER ✱✱
Brioche de Gannat au beurre de ciboulette

Auvergne

Das Massif Central ist kein Touristenparadies. Deswegen ist es noch ein Naturparadies. Die klare, trockene Luft, die weiten, gesunden Wiesen, auf denen die Rinderherden weiden, bescheren dieser armen Region kulinarischen Reichtum. Nicht nur eine berühmt gute Fleischqualität, sondern auch besonders guten und würzigen Käse wie den Cantal. Der Cantal, ein Kuhmilchkäse, ist wahrscheinlich der älteste Käse der Welt, mit Sicherheit der bekannteste der Auvergne, und kann in verschiedenen Reifestadien verzehrt werden. Wer den nicht bekommt, kann ersatzweise einen reifen Gruyère verwenden.

225 g Mehl
60 ml warmes Wasser
15 g frische Hefe
60 ml Milch
60 g Butter
2 verquirlte Eier
120 g Cantal oder Gruyère, gerieben
etwas Butter zum Einfetten der Form

Für die Schnittlauchbutter:
1 großer Bund Schnittlauch
120 g weiche Butter
Zitronensaft
Salz und Pfeffer aus der Mühle
1 zerriebene Knoblauchzehe (wenn gewünscht)

Das Mehl in eine Schüssel sieben. Wasser und Hefe vermischen und 10 Min. an einen warmen Platz stellen. Währenddessen die Milch mit der Butter erwärmen. In die Mitte des Mehls eine Mulde drücken, die Eier und die Milch mit der aufgelösten Butter hineingeben, zu einem Teig verarbeiten: durchkneten, bis er glatt und elastisch ist. In eine Schüssel geben und mit einem Tuch zugedeckt an einem warmen Platz gehen lassen. Wenn er doppelt so groß geworden ist, auf ein mit Mehl bestäubtes Backbrett legen und den Käse darunterkneten. Eine Rolle formen und in eine gut gebutterte Ringform betten. In der Form nochmals ca. 10 Min. gehen lassen, bis der Teig den Rand der Form erreicht hat. Im vorgeheizten Ofen bei 200° C (Gas Stufe 3) ca. 35 Min. backen.

Währenddessen den gehackten Schnittlauch, etwas Zitronensaft und wenn gewünscht den Knoblauch unter die Butter rühren, pfeffern, salzen, in einen kleinen Topf streichen und zur Brioche servieren.

GUGELHUPF MIT RÄUCHERSPECK **
Kougelhopf / Kuglhupf aux lardons

¼ l Milch
150 g Butter
1 EL Zucker
25 g frische Hefe
500 g Mehl
1 TL Salz

4 Eier
300 g Räucherspeck
2 TL getrockneter Salbei
2 TL getrockneter Thymian
2 Gugelhupfformen von
je 1 l Fassungsvermögen

Die Milch in einem kleinen Topf aufkochen, die Hälfte davon in eine kleine Schüssel gießen und abkühlen lassen, bis sie lauwarm ist. Butter und Zucker zu der Milch im Topf geben, 2–3 Min. erhitzen, bis sich der Zucker gelöst hat. Die Hefe in die lauwarme Milch im Schüsselchen rühren, 5 Min. stehen lassen. Das Mehl mit dem Salz in eine große Schüssel sieben, in die Mitte eine Mulde drücken, die Milch mit Butter und Zucker sowie die Hefemilch dazugeben, die Eier hineinschlagen. Mit den Fingern die Flüssigkeit verrühren, dann das Mehl von innen nach außen unterarbeiten, bis ein glatter, geschmeidiger Teig entsteht. Mit dem Handballen durchkneten (man kann auch ein Rührgerät mit Knethaken verwenden), bis er glänzt und sich gut von der Schüssel löst. Den Hefeteig in eine eingeölte Schüssel betten, mit einem feuchten Tuch bedecken und an einem warmen Platz 1½ Std. gehen lassen, bis er doppelt so groß ist.

Die Gugelhupfformen ausbuttern. In den Hefeteig sachte den kleingewürfelten Räucherspeck und die Kräuter einarbeiten, dann löffelweise in die Formen füllen. Nochmals ca. 40 Min. gehenlassen, bis der Teig fast zum Rand der Form aufgestiegen ist. Im vorgeheizten Backofen bei 190° C (Gas Stufe 3) 45 Min. backen.

EIERSPEISEN

EIER IN MEURETTE-SAUCE **
Œufs en meurette

Burgund

»Meurette« kommt vom altfranzösischen Wort »muire«, was schlicht eine Salzlake bezeichnet. Das Rezept für die Sauce meurette stammt aus Beaune, einer der schönsten Städte des Burgund.

Die Eier in dieser Sauce sind auch als »Œufs bourgignons« bekannt, weil die Sauce meurette, in der sie baden, aus Burgunder hergestellt wird – es muß kein teurer Tropfen vom ›Hospice de Beaune‹ sein. Wichtig ist, daß der Wein tanninreich ist, d.h. genügend Gerbsäure hat. Es ist unerläßlich, die Sauce gründlich zu reduzieren, damit sie mild und harmonisch schmeckt. Die hier angegebenen Mengen gelten, wenn Œufs en meurette als Vorspeise vorgesehen ist. Für eine Hauptspeise einfach doppelt soviel nehmen.

4 Eier
1 Flasche tanninreicher roter Burgunder
½ l dunkler Fleischfond (s. Glossar)

Für die Sauce:
2 EL Butter
50–60 g durchwachsener Speck
1 kleinere Zwiebel
1 kleine Möhre
1 kleine Stange Bleichsellerie
1 Bouquet garni
Pfeffer aus der Mühle und zerstoßener Pfeffer
1 Knoblauchzehe
Salz
etwas vorbereitete Mehlbutter
4 kleinere Scheiben Landbrot

Die Eier nicht wie üblich in Wasser und Essig, sondern in Fond und Burgunder pochieren. Die Garflüssigkeit abseihen und zur Seite stellen. Die Butter zerlassen, den gewürfelten Speck, die feingehackte Zwiebel, die geschabte und in dünne Scheiben geschnittene Möhre und die ebenfalls in Scheibchen geschnittene Bleichsellerie zugeben und schmoren, bis das Gemüse gar, aber nicht braun ist. Die abgeseihte Pochierflüssigkeit, das Bouquet garni, den zerstoßenen Pfeffer und den im Mörser mit Salz zerriebenen Knoblauch zugeben. Alles ca. 25 Min. köcheln lassen, bis die Flüssigkeit auf die Hälfte reduziert ist. Den Speck entnehmen, die Sauce durchs Sieb gießen, in einem Topf erhitzen und etwas Mehlbutter (2 EL Mehl mit 2 EL Butter verknetet) unterschlagen, um sie anzudicken, dann warmhalten.

In einer Pfanne die Brotscheiben mit etwas Butter oder Öl anrösten.

Die Eier 1 Min. in heißes Wasser legen, dann mit Küchenkrepp trockentupfen. In jeden Teller eine der Croûtes legen, ein Ei darauf setzen und vollständig mit der Sauce überziehen.

EIER IM TÖPFCHEN MIT SAUERAMPFER ✷✷
Œufs en cocotte à l'oseille

»In wenigen Ländern«, schrieb schon Georges Gibault in seiner ›Histoire des legumes‹, »ist man dem Sauerampfer so zugetan wie in Frankreich.« Ob Sie ihn als Wildpflanze gratis ernten, auf dem Markt kaufen oder selber ziehen am Balkon: zitronig-säuerlich macht die Wild- wie die Gartenpflanze der hohe Gehalt an Oxalsäure. Sauerampfer verlangt nach einer milden Ergänzung – in dem Fall Eier und Crème fraîche.

Die hier angegebene Menge reicht für 4 Personen als kleine Vorspeise.

*100 g zarte Sauerampfer-
  blätter
40 g Butter
4 große Eier*

*frisch gemahlener Pfeffer
Salz
4 TL Crème fraîche*

Die entstielten Blätter waschen, abtropfen lassen, trocknen. Die Butter in einer Pfanne schmelzen, die Sauerampferblätter zugeben und auf mittlerer Flamme 4 Min. rühren, bis ein dickliches Püree entsteht.

Den Backofen auf 190° C (Gas Stufe 2–3) vorheizen.

Dieses Püree auf vier ausgebutterte feuerfeste Förmchen verteilen, über jede Portion ein Ei schlagen, pfeffern und salzen (aber nicht umrühren!) und je einen TL Crème fraîche darüber geben. Die Förmchen ins Wasserbad stellen (darauf achten, daß kein Tropfen Wasser ins Ei gerät), in den Ofen stellen und ca. 6–7 Min. backen, bis das Eiweiß gestockt ist, das Eigelb soll aber noch weich sein. Sofort mit einer Baguette servieren.

Les œufs, les omelettes et les crêpes

EIER NACH DIJONER ART *

Œufs à la dijonnaise

Wer in Dijon seinen Senf dazugibt, macht sich bei anderen beliebt: Zu Recht genießt die Würzpaste aus Pfeffer, Senfkörnern, Zimt, Zucker, Meerrettich, Gewürznelken und Weinessig von Maille aus der einstigen Metropole Burgunds einen legendären Ruf. Und verglichen mit den Hunderten verschiedener Sorten, die dort angeboten werden, ist die deutsche Senfpalette geradezu jämmerlich.

8 Eier
1 Zwiebel
1 EL Butter
weißer Pfeffer
Salz

1 knapper EL Mehl
¼ l Weißwein
¼ l Sahne
3 EL weißer Dijon-Senf
gehackte Petersilie

Die Eier in kaltem Wasser aufsetzen, leicht salzen, zum Kochen bringen. 10 Min. bei geringer Hitze nur noch ziehen lassen. Abschrecken, schälen.

Die Zwiebel schälen und fein hacken, in einer Kasserolle in der Butter glasig dünsten, pfeffern, salzen, Mehl darüber stäuben und mit dem Weißwein löschen. Stark einkochen lassen auf die Hälfte der Flüssigkeitsmenge, dann mit der Sahne aufgießen und zum Kochen bringen. Den Senf hineingeben und unter ständigem Rühren bei mäßiger Hitze dick werden lassen. Die geviertelten Eier hineinlegen, ganz kurz warm werden lassen. Dann alles in eine Schale geben, mit Petersilie überstreuen und heiß servieren.

Eierspeisen

OMELETTE, KLASSISCHE ART   *
Omelette baveuse

»Baver« heißt auf französisch das Sabbern eines Babys.
»Omelette baveuse« nennt sich die in ganz Frankreich geliebte, nicht ganz durchgegarte, noch weiche Form der Omelette.

4 Eier	*1 EL Butter*
Salz	*1 TL weiche Butter*
frisch gemahlener Pfeffer	

Die Eier in eine kleine Rührschüsssel schlagen, mit Salz und Pfeffer würzen und kräftig ½ Min. rühren, bis Eiweiß und Dotter vollkommen miteinander vermischt sind. Eine ungefettete Omelette-Pfanne von 18–20 cm Durchmesser erhitzen. Wenn sie sehr heiß ist, 1 EL Butter hineinwerfen und die Pfanne herumschwenken, bis der Schaum verschwindet. Bevor die Butter braun wird, die Eier hineinschütten, mit der flachen Seite der Gabel schnell arbeitend rühren, mit der anderen Hand gleichzeitig die Pfanne energisch schütteln und rütteln, damit die Omelette nicht festbackt. Die Eier bilden innerhalb weniger Sekunden einen Film auf dem Pfannenboden und die Oberseite stockt zu einer leichten Eicreme, die man, weiterrüttelnd, behutsam rührt, ohne den Bodenfilm zu durchstechen. Dann den Rand, der einem am nächsten ist, mit der Gabel anheben, die Omelette zusammenklappen und noch einen Moment am Rand der Pfanne ruhen lassen. Wenn gewünscht, sachte in Portionen zerteilen, auf vorgewärmte Teller kippen, mit etwas Butter bestreichen, sofort servieren.

Omelette, provenzalische Art **
Omelette provençale

Die Provenzalen mögen die Omelette lieber, wenn sie durchgegart ist. Dann läßt sie sich gut mit saftigen Gemüsefüllungen kombinieren.

4 Eier
2 EL Milch

4 EL Olivenöl
Pfeffer, Salz

Die Eier wie bei der klassischen Omelette sehr gut verrühren, ohne daß sie schaumig werden. Pfeffern und salzen. Erst in die stark erhitzte Pfanne das Olivenöl geben; wenn es heiß ist, die Eimasse in die Pfanne gießen und vorgehen wie bei der Omelette baveuse, aber die Oberseite stocken lassen. Dann die Omelette zum Wenden auf einen Topfdeckel kippen, zurück in die Pfanne geben und auch auf der anderen Seite braten.

Variante:

Zwiebelomelette – Omelette aux oignons

300 g Zwiebeln sehr fein hacken, in 4 EL heißem Olivenöl auf kleiner Flamme 1 Std. schmoren, dabei immer wieder umrühren, damit die Zwiebeln nicht braun werden. Pfeffern, salzen. Die Herdplatte abstellen, die Pfanne darauf stehen lassen. Die Eier wie im Grundrezept angegeben gründlich verrühren, die Zwiebelmasse aus der Pfanne nehmen, das Fett abtropfen lassen. Dann die Zwiebelmasse unter die Eier mischen und kurz durchschlagen. Olivenöl oder Butter in die heiße Pfanne geben und wie oben angegeben braten.

Kalt serviert, mit einem kräuterreichen Blattsalat, ist diese Zwiebelomelette auch ein leichtes Sommermittagessen. Dann ist für 4 Personen allerdings überall die doppelte Menge nötig.

PAPRIKA-OMELETTE ✳✳
Pipérade

Baskenland

Sie spricht nicht Französisch, sondern Latein, diese baskische Spezialität: »piper« nannten die Römer die Paprikaschote. Das Rezept ist so auch im Béarn seit Jahrhunderten bekannt. Unbedingt gehören Zwiebeln hinein und ausschließlich grüne Paprikaschoten. Wer rote oder gelbe verwendet, verrät sich als Fremder.

3 Paprikaschoten
2 EL Olivenöl
3 Tomaten
2 Knoblauchzehen
8 Eier
Salz, Pfeffer

Die Paprikaschoten waschen, entkernen und putzen, in einen Topf geben, mit kochendem Wasser übergießen und 10 Min. weiterkochen lassen. Mit kaltem Wasser abschrecken, abtropfen lassen, evtl. enthäuten und in große Stücke schneiden. Gut trocknen, dann in heißem Öl weich schmoren.

Die Tomaten überbrühen und die Haut abziehen, vierteln und zu den Paprikaschoten geben, 5 Min. lang mitschmoren, dann die verquirlten Eier darübergießen. Salzen, pfeffern und bei mittlerer Hitze langsam stocken lassen. Die Omelette wenden und fertigbraten.

Mit einem Madiran oder Rouge de Cahors servieren.

Les œufs, les omelettes et les crêpes

DÜNNE BUCHWEIZEN-PFANNKUCHEN ✷✷

Crêpes de sarrasin

Bretagne

Die Vorläufer der Crêpes waren in Frankreich schon in prähistorischer Zeit bekannt; damals wurden sie auf heißen Steinen gebacken. Später buk man sie in gußeisernen Pfannen, die auf einem Dreifuß in den Kamin gestellt wurden. Für viele Reisende ist die bretonische Küche fast gleichbedeutend mit Crêpes, die in Frankreich auch »galettes« genannt werden. Und nach wie vor gibt es in der Bretagne an jeder Ecke Crêpe-Bistros und Imbißstände mit Crêpes.

Die hier auch überall erhältlichen Crêpe-Platten erleichtern die Zubereitung, sind aber nicht unbedingt notwendig. Eine gute gußeiserne Pfanne tut es genauso. Aber etwas Geschicklichkeit und Übung sind unentbehrlich. Der Fantasie sind keine Grenzen gesetzt, was die Füllungen der Crêpes angeht.

Zutaten für 8 dünne Crêpes:
125 g Buchweizenmehl
1 Ei
Salz
¼ l Vollmilch
1 TL Butter oder 1 Speckschwarte

Mehl und Ei sorgsam verrühren, salzen, die Milch langsam unterrühren und dem Teig vorsichtig mit Wasser die richtige Konsistenz geben. Wieviel Wasser zugegeben werden muß, hängt von der Größe der Eier ab.

Die Pfanne oder die Crêpe-Platte erhitzen, mit Butter oder der Speckschwarte einfetten. Mit einem Teigschaber eine sehr dünne Schicht auf die sehr heiße Fläche verteilen. Wenn die Crêpes in der Pfanne gemacht werden, müssen sie schnell gewendet und auf der anderen Seite ebenfalls gebacken werden. Dann mit dem Wender entnehmen, flach auf einen Teller legen und diesen warm stellen. Zügig die übrigen Crêpes backen und ebenfalls sofort warmstellen.

Das billigste und einfachste und authentische Rezept der Bretagne: die Crêpes mit etwas Butter und/oder hausgemachter Sauermilch verzehren.

Dazu trinken die Bretonen Cidre (Apfelwein).

VARIANTEN:

Eine beliebte Füllung nennt sich »complet« und besteht aus Schinken und Ei. Schinken würfeln, mit dem verklepperten Ei vermischen, die Crêpes damit bestreichen, zusammenrollen und im Ofen oder in der Pfanne fest werden lassen.

Eine süße Variante sind »Crêpes de blé noir aux fraises chaudes et menthées« (Buchweizen-Crêpes mit heißen Erdbeeren und frischer Minze). Dafür 400 g gewaschene Erdbeeren in Scheiben schneiden. 1 TL Butter schmelzen, die Erdbeeren, 115 g Zucker und 1 TL feingehackte Minzeblätter sirupdick einkochen. Etwas Erdbeermasse auf die Hälfte einer Crêpe geben, darauf etwas Crème fraîche, die andere Hälfte darüberschlagen und mit Puderzucker bestäuben.

GÄNSELIESELSALAT ✲✲
La salade Ganzaliesl

Elsaß

Diesen Salat kann man mit eingelegten, konservierten Gänsemägen zubereiten, wie es sie in Frankreich überall zu kaufen gibt, aber auch mit frischen, wie sie auch hierzulande die Geflügelhändler anbieten. Kein leichtes Sommersalätchen, sondern eine deftige, winterliche Vorspeise.

300 g Gänsemägen
1 l Wasser
2 Bund Suppengrün
2 EL Gänseschmalz
Salz, Pfeffer

500 g Sauerkraut
2 EL Gänseschmalz

1 Apfel
1 TL scharfer Senf
2 EL milder Kräuteressig
1 EL milder alter Weinessig
2 EL Sonnenblumenöl
Salz, Pfeffer
3–4 EL Sahne
1 Bund Schnittlauch

Das Suppengrün oder besser noch frisches, geputztes und in Stücke geschnittenes Wurzelwerk (½ Sellerieknolle, 1 Petersilienwurzel, 1 geschälte Zwiebel und 2 Möhren) im kalten Wasser aufsetzen und 1 Std. kochen lassen. Im Wurzelsud die geputzten, aus der festen Außenhaut herausgeschälten Gänsemägen fast ganz garen, herausnehmen, trockentupfen und im Gänseschmalz fertig garen. Das Fett abtropfen lassen, die Mägen in feine Streifen schneiden, salzen, pfeffern.

Das Sauerkraut kurz in heißem Wasser waschen und auseinanderzupfen. Im Gänseschmalz kurz andünsten. Den Apfel schälen, vom Kernhaus befreien, in Würfelchen schneiden und zum Kraut geben. Mit einer Marinade aus Senf, Essig, Öl, Sahne, Salz und Pfeffer anmachen und mit dem feingeschnittenen Schnittlauch bestreuen. Auf Salattellern anrichten, die Gänsemagenstreifen darauf verteilen.

Friséesalat ✱✱
mit gebackenem Ziegenkäse
Salade d'endive frisée au cabridou grillé

Provence

Die junge Ziege heißt in der Provence »cabri«. Weil ihre Milch milder ist, fast etwas süß – also »doux«, heißt der Käse, der daraus gemacht wird »cabriodou«. Die kleinen runden Käse sind als Frischkäse extrem mild, aber für dieses Gericht sollten sie einen Monat alt sein, um etwas mehr Festigkeit zu haben.

4 kleine Ziegenkäse
3–4 EL Olivenöl
2–3 Stengel frisches Bohnenkraut
1 TL grob geschroteter Pfeffer

250 g Friséesalat
1 Handvoll Rauke (Rucola)-Blätter
4 TL Walnußöl
Saft ½ Zitrone
Salz

Am Vortag die Ziegenkäse in das Olivenöl, vermischt mit feingehacktem Bohnenkraut und dem Pfeffer, einlegen. 12, max. 24 Std. zugedeckt an einem kühlen Platz ziehen lassen.

Backofen auf 250° C (Gas Stufe 5) vorheizen.

Den Friséesalat waschen, trocknen, zerpflücken, auf vier Salatschüsseln verteilen, die zerkleinerte Rucola dazulegen.

Die Ziegenkäse aus dem Öl nehmen, in eine hitzebeständige Form legen und im Backofen ca. 5 Minuten lang anschmelzen lassen. Walnußöl, Zitronensaft, Pfeffer und Salz vermischen, über den Salat geben und auf jede Portion einen kleinen Ziegenkäse setzen.

Weil der Käse leicht zerläuft, empfiehlt sich ein sicheres Rezept: Weißbrotscheiben in Olivenöl anbraten, je einen Ziegenkäse auf eine Scheibe legen und so in den Backofen geben. Dann die Käse-Croûtes auf den Salat setzen.

Les salades

Salat von Knollenziest ✱
Salade de crosnes

Île-de-France

Knollenziest, eine kleine, knollenartige weiße Rübe, ist bei uns leider in Vergessenheit geraten. Die unscheinbaren, etwas schrumpeligen Knollen sind nährstoffreich, kalorienarm, billig und schmecken köstlich. Auf Wochenmärkten und in ökologischen Lebensmittelmärkten wird Knollenziest wieder angeboten.

500 g Knollenziest (Stachys)
500 g festkochende Kartoffeln
1 EL Mehl
1,5 kg Miesmuscheln
2 Lorbeerblätter
2 Pfefferschoten
2 Glas Weißwein
2–3 l Wasser
1 Herz einer Bleichsellerie-Staude
8 EL Olivenöl oder noch besser Walnußöl
2 EL Weißweinessig
frischer Estragon
Salz, Pfeffer

Die Kartoffeln in der Schale garkochen, schälen und in Scheiben schneiden. Knollenziest in siedendes Salzwasser mit 1 Prise Soda einlegen. Dann entnehmen, die Haut unter kaltem Wasser abreiben und die Knollen in Salzwasser mit 1 EL Mehl bißfest kochen. In Stückchen schneiden.

Die Muscheln ins kochende gesalzene Wasser geben, dem der Lorbeer, die Pfefferschoten und der Weißwein beigegeben worden sind. Köcheln, bis die Muscheln sich öffnen. Die Muscheln aus der Schale holen (geschlossene wegwerfen). Das Herz der Bleichsellerie waschen und in kleine Stücke schneiden.

Aus den 8 EL Olivenöl, dem Essig, dem kleingehackten Estragon, Salz und Pfeffer eine Vinaigrette anrühren. Muscheln, Sellerie, Kartoffeln und Knollenziest mit der Vinaigrette übergießen.

BÄRLAUCHSALAT *
Salade d'ail d'ours

Elsaß

Weil die Blätter des Bärlauch, eines Zwiebelgewächses aus der Lilienfamilie, so stark nach Knoblauch riechen, kann sie kein Mensch mit funktionierender Nase mit den Blättern der Maiglöckchen verwechseln. Und wegen dieses Geruchs heißen sie in Frankreich nicht nur Bärlauch, sondern Bärenknoblauch.

Im Elsaß ist die Tradition, die vielerorts vergessen worden ist, noch lebendig: den Bärlauch als die ersten grünen Triebe im Jahr für Frühlingsgerichte zu verwenden.

*3 Hände voll junge zarte
 Bärlauchblätter
2 EL milder Obstessig
 (Apfelessig)
1 EL Zitronensaft*

*1 EL scharfer Senf
4 EL Olivenöl
 oder Traubenkernöl
Salz, Pfeffer, eine Prise
 Zucker*

Den Bärlauch waschen und in Streifen schneiden. Alle Zutaten für die Vinaigrette mit der Gabel aufschlagen, vorsichtig die Blätter darin umdrehen und sofort servieren. Dazu Baguette oder in zerhacktem Knoblauch und Olivenöl geröstete Croûtons.

ZWIEBELSALAT ✶
Oignons à la niçoise

Nizza

Zwar läßt sich diese süß-scharfe und doch zarte Spezialität auch mit kleinen normalen Zwiebeln zubereiten, ihre Delikatesse aber bekommt sie nur, wenn sie mit Frühlingszwiebeln gemacht wird.

350 g Frühlingszwiebeln
4 sehr reife, aber schnittfeste Tomaten
3 EL milder Weinessig
¼ l Wasser
3 EL Olivenöl
Salz
2 EL Rosinen
½ TL frisch geschroteter schwarzer Pfeffer
2 Stengel Petersilie
1 Zweig Thymian
1 Lorbeerblatt
1 gestrichener EL Puderzucker

Die Zwiebeln schälen, die Tomaten überbrühen, enthäuten und in Scheiben schneiden. Essig und Wasser in einen Topf geben, im dünnen Strahl Olivenöl zugießen. Alles gut miteinander verquirlen. Darin die Zwiebelchen auf kleiner Flamme glasig dünsten, die Tomatenscheiben zugeben, salzen. Rosinen waschen und zugeben, den geschroteten Pfeffer daruntermischen. Die Petersilien- und Thymianstengel dazulegen, ebenso das Lorbeerblatt. Den Puderzucker untermischen. Das Ganze zugedeckt auf sehr kleiner Flamme 1½ Std. unter gelegentlichem Rühren schmoren. Kräuterstengel und Lorbeerblatt entfernen. Die Zwiebeln in eine Schüssel geben, abkühlen lassen und dann 1½ bis 2 Std. im Kühlschrank ziehen lassen. Vor dem Servieren bei Bedarf nachwürzen.

Salate

GEFÜLLTE KAPUZINERKRESSE ✱✱
Paupiettes de feuilles de capucine

Prosper Montagné, einer der bedeutendsten historischen Kochbuchautoren Frankreichs, hat dieses Rezept erfunden. Wer selbst im Garten Kapuzinerkresse zieht und feststellt, daß die, gut behandelt, wie Unkraut wächst, wird diese Vorspeise fest ins Sommerprogramm aufnehmen.

»Paupiettes« bedeutet schlicht »kleine Rouladen«, ihr Name hat mit »paupière«, dem Lid zu tun – eigentlich sehr anschaulich.

24–30 Blätter Kapuzinerkresse
1 TL Kapern, abgespült
1 kleine Gewürzgurke
1 TL Petersilie
1 TL Kerbel

40 g Sardellenfilets in Öl
150 ml trockener Weißwein
1 EL milder Kräuteressig
1 Zweig Thymian
1 Lorbeerblatt
2 EL Olivenöl

Kapern, Gewürzgurke, Petersilie und Kerbel, alles fein gehackt, gut mischen. Die Sardellenfilets in feine Streifen schneiden und so berechnen, daß auf jedes Blatt Kapuzinerkresse ein Streiflein kommt. Die Blätter von ihren Stielen befreien, in die Mitte jedes Blatts einen Klecks der Kräutermischung geben, einen Sardellenstreifen drauflegen, die Blätterseiten einschlagen und in Zigarrenform aufrollen, wobei der Blattsaum unten liegen muß. Diese Röllchen in einen flachen Topf geben, mit Essig und Wein aufgießen, Thymian und Lorbeerblatt zugeben und auf kleiner Flamme 15 Min. köcheln lassen. Die Röllchen auf eine Servierplatte legen, die im Topf verbleibende Flüssigkeit auf 2 EL reduzieren, Thymian und Lorbeerblatt entfernen und das Öl mit der Wein-Essig-Mischung verrühren. Damit die Kresseröllchen begießen und kalt wie einen Salat servieren.

Alain Dominique Perrin

*Generalpräsident von Cartier
und Weinproduzent
Jahrgang 1942
Geboren in Nantes*

Wenn Sie zwei Wochen lang jeden Tag das gleiche essen müßten, wofür würden Sie sich entscheiden?
Für Kartoffeln in unterschiedlichen Varianten.

Auf welchen kulinarischen Luxus können Sie mühelos verzichten?
Auf Kaviar.

Was war Ihre Leibspeise in der Kindheit?
Daube, vor allem Daube provençale (ein Fleisch- und Gemüse-Schmortopf).

Was sind für Sie die drei Grundbestandteile der französischen Küche?
Sahne, Pilze, Bouquet garni.

Hätten Sie nur eine ganz schmale Rente: Wovon würden Sie sich vor allem ernähren?
Von Kartoffeln in unterschiedlichen Varianten.

Sinnlose Verschwendung: Woran denken Sie da im Bereich Essen und Trinken?
An lange Beschreibungen von Essen.

Welches ist für Sie das beste klassische Gericht Ihrer Heimat?
Pot-au-feu.

Was ist der schlimmste gastronomische Brauch des 20. Jahrhunderts?
Coca-Cola.

Bei welchem Essensduft werden Sie schwach?
Leider bei Trüffel.

Sie bereiten ein Liebesmenü für zwei, das sich auch ein Student oder Lehrling leisten könnte. Was gibt es zu essen, was gibt es zu trinken?
Es gibt nur einen Apfel für Adam und Eva.

Welches französische Gericht ist zu Unrecht vergessen?
Poule-au-pot.

Wenn Sie in Frankreich authentisch, einfach, gut und preiswert essen wollen. Wo gehen Sie hin?
In ein Bistro, das ländliche/regionale Küche anbietet.

Les salades

LÖWENZAHNSALAT MIT SPECK ✳
Pissenlits au lard

Zu der drastischen französischen Bezeichnung für den Löwenzahn »Bettpisser« gibt es im süddeutschen Raum das Pendant »Seichkraut«. Aber das sollte nicht von diesem köstlichen Genuß abhalten. Wer den Löwenzahn selber pflückt, möge Hundewiesen dabei meiden. Auch in der Nähe von Straßen oder gedüngten Wiesen sollte man ihn nicht ernten. In den meisten Städten wird er mittlerweile auch hierzulande auf den Märkten angeboten.

*400 g frische Löwenzahn-
   blätter
200 g durchwachsener
   Räucherspeck*

*3 EL Olivenöl
Pfeffer
Salz
2 EL Weißweinessig*

Den geputzten und gewaschenen Löwenzahn gut trocknen. Den gewürfelten Speck im Öl kross braten. Die Löwenzahnblätter wenn nötig etwas zerpflücken, in eine vorgewärmte Salatschüssel geben (das Vorwärmen ist wichtig, damit die Sauce nicht stockt); mit Pfeffer aus der Mühle und Salz würzen. Die Pfanne mit dem Speck vom Herd nehmen, den Essig hineingeben, umrühren, nochmals aufs Feuer setzen, aufkochen lassen und über die Löwenzahnblätter geben.

Wer will, kann diesen Salat auch mit Knoblauch-Croûtons servieren.

ENDIVIENSALAT MIT SPECK, GEFLÜGELLEBERN UND EI

Salade lyonnaise

Von diesem Salat existiert auch eine deftigere Version, die noch mit Hammelfuß angereichert wird. Aber auch diese etwas leichtere und dazu billigere Variante ist als Mittagessen oder, wie im Lyonnais üblich, als Mitternachtsimbiß mehr als ausreichend.

4 Eier
1 großer Kopf Endiviensalat (ca. 500–600 g)
250 g geräucherter Bauchspeck
250 g Hühnerlebern
3 EL Öl
Salz
100 ml (6 EL) milder Weißweinessig
frisch gemahlener Pfeffer
2 Heringsfilets

Die Eier in kaltem Wasser aufsetzen, zum Kochen bringen und ca. 5 Min. köcheln lassen – das Eigelb sollte noch wachsweich sein. Mit kaltem Wasser abschrecken und schälen. Den Endiviensalat waschen, trockenschleudern und zerpflückt in die Salatschüssel geben. Den Speck in kochendem Wasser 5 Min. blanchieren. Abtropfen lassen, in Streifen schneiden. Die Hühnerlebern putzen, in etwas heißem Öl anbraten, danach salzen und pfeffern und in feine Streifen schneiden. Den Speck in etwas Öl anbraten bis er gebräunt, aber noch nicht knusprig ist. Speck und Fett sachte über die Salatblätter geben, die wegen der Hitze etwas zusammenfallen, und unterheben. Den Satz in der Pfanne mit dem Weinessig ablöschen, auf die Hälfte reduzieren, über den Salat geben und nochmals gründlich mischen. Die Heringsfilets in feine Streifen schneiden. Den Salat auf vier Tellern anrichten, die Eier, die Heringsfilet- und die Leberstreifen darauf verteilen. Sofort servieren.

Les salades

ROTE-BETE-SALAT ✱
Betterave rouge en salade

Provence

Ein Billig-Gemüse, das unbezahlbar ist: Mittlerweile gilt es auch der konservativen Medizin als erwiesen, daß die roten Wurzelknollen das Immunsystem stärken und die Funktion der Leber stimulieren. Alternative Ärzte setzen die »Beta vulgaris« erfolgreich ein zur Unterstützung bei der Tumorbehandlung. In einer Gegend, wo Wein schlicht zum Essen gehört, selbst zum einfachsten, beweist mit diesem Salat die arme Küche ihren Erfahrungsreichtum.

500 g frische rote Bete
1,5 l Wasser
2 Zwiebeln
2 Knoblauchzehen
3 EL Olivenöl

100 g Anchovisfilets
1 TL Weinessig
½ TL scharfer Senf
Salz
Pfeffer

Die Rote-Bete-Knollen abbürsten, 1 Std. in Wasser kochen, abgießen. Während die Roten Bete abkühlen, die Zwiebeln schälen und fein hacken, den geschälten Knoblauch im Mörser mit Salz zerreiben. 1 EL Öl in einem kleinen Topf erhitzen, die Zwiebeln darin goldbraun schmoren, kurz vor Ende der Garzeit den Knoblauch zugeben und mitschmoren. Die Roten Bete schälen und in Würfel schneiden, in eine Salatschüssel geben. Die Anchovisfilets mit dem Öl, in das sie eingelegt sind, in den Mörser geben und zerreiben, das Mus unter die Zwiebel-Knoblauch-Mischung geben. Den Rest des Olivenöls unterrühren, ebenso Essig, Senf, Salz und Pfeffer. Die Sauce über die Roten Bete gießen und unterheben. Den Salat vor dem Servieren 30–45 Min. sehr kalt stellen.

OLIVENPASTE MIT KAPERN

Tapénade

Kaviar halten, wie die Fragebögen in dieser Buchreihe beweisen, die meisten Menschen, die ihn sich leisten können, für verzichtbar. Unverzichtbar für die mediterrane Küche Frankreichs ist falscher Kaviar aus Gemüse wie zum Beispiel dieser »provenzalische Kaviar«. Ihren Namen hat die Paste von der Kaper, die bei den Provenzalen »tapéna« heißt. Auf den Märkten des Midi werden die in Salzwasser eingelegten Kapern aus kleinen Fässern verkauft. Die Tapénade mit einer Baguette ist ein ausgezeichnetes Picknick-Gericht. Am besten transportiert oder serviert man sie in einem dicken Steinguttopf oder einer Olivenholzschüssel.

200 g schwarze Oliven
100 g Anchovisfilets
200 g Kapern
getrocknete Herbes de Provence
1 Zitrone
1 TL scharfer Senf
0,2 l Olivenöl
Pfeffer
1–2 Schnapsgläser Cognac

Les pâtes, les pâtés et les terrines

Die Oliven vom Stein befreien und in einem Mörser zerreiben, Sardellenfilets, Kapern, Kräuter, Zitronensaft und Senf beigeben. Wie bei der Herstellung einer Mayonnaise tropfenweise oder im hauchdünnen Strahl das Olivenöl unterrühren. Abschmecken mit Pfeffer und etwas Cognac.

Man kann die Tapénade auf kleine, in Olivenöl angeröstete Weißbrotscheiben gestrichen servieren oder andere Gericht damit verfeinern, wie z.B.:

Eier, garniert mit Olivenpaste
Demi œufs durs garnis de tapénade

Hartgekochte Eier halbieren und das Eigelb, vermischt mit der Tapénade und ein paar Spritzern Olivenöl, in die Eihälften zurückgeben, am besten mit einem Spritzbeutel.

PROVENZALISCHE AUBERGINENPASTE *
Caviar d'aubergines

Auch dieser vegetarische Kaviar ist eine preiswerte Köstlichkeit, z.B. als Imbiß einfach zu einer frischen Baguette. Wer sie als Vorspeise serviert, kann sie auf geröstete Brotscheiben streichen und wie die italienischen Crostini auf einer Platte servieren.

8 große Auberginen	*1 Zitrone*
2 Zwiebeln	*Salz*
2 Knoblauchzehen	*Pfeffer*
Olivenöl	

Auberginen waschen, Stiele entfernen und im Backofen bei 200° C (Gas Stufe 3) unter gelegentlichem Wenden backen.

Währenddessen im erhitzten Olivenöl die geschälte, feingehackte Zwiebel und die feingehackten Knoblauchzehen 5 Min. anschmoren und in eine Schüssel geben. Wenn die Auberginen im Ofen gar sind, entnehmen, das weiche Fruchtfleisch herausschaben, sehr klein hacken und durch ein feines Sieb in eine Kasserolle streichen, deren Boden mit Olivenöl bedeckt ist. Das Auberginenmus darin unter Rühren aufkochen, dann in die Schüssel mit den Zwiebeln und dem Knoblauch geben, alles gut vermengen. Den Saft 1 Zitrone unterrühren, mit Salz und Pfeffer würzen.

Am besten schmeckt der Auberginen-Kaviar lauwarm.

Les pâtes, les pâtés et les terrines

PIKANTE KÄSESPEISE *
Claqueret

Ardèche

Die Männer in Lyon nahmen den Volksmund meistens ein bißchen voll; sie behaupteten, zwei Dinge brächten Frauen ganz sicher zur Vernunft: ab und zu eins draufhauen (französisch: claquer) und diese deftige Käsespeise, die deswegen Claqueret (s.a. Glossar) heißt. Moderne Männer nennen sie daher lieber bei ihrem anderen Namen: Fromage fort. Sie schmeckt köstlich zu Pellkartoffeln, aber auch als Aufstrich auf ein kräftiges Landbrot. Im Lyonnais wird sie oft mit Sahne verdünnt als Sauce für Kartoffelsalat mit frischen Gurken verwendet.

2 Zweige Thymian
2 EL Estragonblätter
4 Knoblauchzehen
250 g Ziegenfrischkäse
250 g reifer Ziegenkäse
ca. 3 EL Eau-de-vie de marc

ca. 3 EL Olivenöl
Salz und Pfeffer aus der Mühle
75 ml Crème fraîche
1 EL Weinessig

Thymian und Estragon fein hacken, den geschälten Knoblauch im Mörser zerreiben. Den reifen Ziegenkäse in einen Topf bröckeln, den frischen Ziegenkäse mit einer Gabel darunterarbeiten, den zerriebenen Knoblauch und die Kräuter unterrühren, und dann langsam in gleichen Mengen löffelchenweise Marc und Olivenöl zugeben, dann Crème fraîche und Essig. Salzen und pfeffern. Den Käse in eine Schüssel füllen, glattstreichen und zugedeckt mindestens 7 Tage ziehen lassen. Der starke Käse hält sich zwei Wochen. Wenn er, wie es traditionell üblich ist, in einem Steinguttopf mit Deckel aufbewahrt wird, hält er sich sogar einen Monat und länger. Der alte Konservierungstrick: haltbar macht ihn der Marc.

OSTERPASTETE AUS DEM BERRY **
Pâte de Pâques du Berry

Mittelfrankreich
Als Vorspeise ausreichend für 10–12 Personen,
als Hauptspeise für 4–6.

Jean de France, Herzog von Berry, gab sich fromm und gab sein Geld für Kunst und Bücher aus. Die kostbar illuminierten Stundenbücher des Duc de Berry (Gebetbücher), die er von den Brüdern Limburg mit Miniaturen ausstatten ließ, die ›Très belles heures‹ (1402) und die ›Très riches heures‹ (1413), machen seinen Namen bis heute berühmt. Das Land aber beutete er aufs Ärgste aus. Die sehr fromme Gegend feierte Ostern von jeher groß, aber mit ganz geringen Mitteln: mit Spezialitäten wie dieser traditionellen Pastete. Sie kann gut schon am Vortag zubereitet werden.

Für den Teig:
400 g Mehl
170 g Butter
3 EL Öl
1 Prise Salz
2 Eier
0,1 l kaltes Wasser

Für die Füllung:
4 Eier
500 g Brät (Wurstfleisch)
Pfeffer
Salz
1 Eigelb

Das Mehl in eine Schüssel sieben, eine Mulde in die Mitte drücken und die übrigen Teigzutaten hineingeben. Zuerst unter sich, dann mit dem Mehl mischen. Das Wasser ganz allmählich unter den Teig kneten, bis er fest, aber noch geschmeidig ist. Den Teig in ein Tuch einschlagen und an einem kühlen Platz 2 Std. ruhen lassen.

Die Eier hart kochen, abschrecken, schälen und der Länge nach halbieren, salzen und pfeffern.

Den Teig 5 mm dick zu einem Rechteck ausrollen, die Ecken schräg abschneiden.

Les pâtes, les pâtés et les terrines

Den Backofen auf 220° C (Gas Stufe 4) vorheizen.
Die Hälfte des Bräts in die Mitte der Teigplatte setzen, so daß sie etwa zu einem Drittel in jeder Richtung bedeckt ist. Darauf die Eierhälften mit der Schnittfläche nach unten legen. Mit dem Rest des Bräts bedecken. Die Teigkanten hochschlagen und fest zusammendrücken. Den Teig jetzt mehrfach einritzen, damit der Dampf entweichen kann und der Teig heil bleibt. Das Eigelb verquirlen, den Teig damit bestreichen. Auf ein Blech setzen und in etwa 1 Std. goldbraun backen.

KARTOFFELPASTETE ✻
Pâté de pommes de terre

Limousin

Als Vorspeise ausreichend für 8 Personen.

Für den Teig:
500 g Mehl
250 g weiche Butter
Salz
0,1–0,2 l Milch

Für die Füllung:
1,2 kg Kartoffeln
2 Bund Petersilie
Salz, Pfeffer
200 g Crème fraîche
Butter für die Form

Aus Mehl, Butter, Salz und Milch einen weichen Teig kneten. Die Milch nach Bedarf zugeben, also mit 0,1 l beginnen. Den Teig 1 Std. im Kühlen ruhen lassen. Inzwischen die Kartoffeln schälen und fein hobeln. Die gewaschene Petersilie fein wiegen. ⅔ des Teigs auf einer bemehlten Fläche ausrollen und in eine gebutterte Springform von ca. 24 cm Durchmesser betten. Der Teig muß ca. 2 cm über den Rand der Form hinausragen.

Den Backofen auf 200° C (Gas Stufe 3) vorheizen.

⅓ der gehobelten Kartoffelscheiben in der Form ausbreiten, pfeffern, salzen und mit ⅓ der gehackten Petersilie bestreuen. Mit ⅓ der Crème fraîche bedecken. Wieder ⅓ der Kartoffelscheiben hineinbetten, pfeffern, salzen und mit dem nächsten Drittel der gehackten Petersilie bestreuen. Das Ganze nochmals wiederholen. Den Rest des Teigs ausrollen und als Deckel auf die letzte Kartoffel-Sahne-Schicht legen, mit dem Teig vom Rand sehr gut zusammendrücken. In der Mitte der Pastete einen Schornstein (s. Glossar) machen, damit der Dampf austreten kann.

Im vorgeheizten Backofen 1 ½ Std. garen.

SCHINKENPASTETE ✳✳
Pâté de jambon

Auvergne

Als Vorspeise ausreichend für 8–12 Personen,
als Hauptspeise für 4–6.

Reich war sie nie, dafür hat sie sich ihre Natürlichkeit bewahrt und ihre Unschuld: die Auvergne. Massentierhaltung ist hier noch immer ein Fremdwort und viele Bauern halten sich wie ihre Ahnen zwei, drei Schweine zum Hausgebrauch, die mit nichts als Milch und Küchenresten aufgezogen werden. Wo die Mittel fehlen, ist oft die Phantasie besonders üppig. Das beweist die Küche der Auvergne, die aus Schweinefleisch, dem Fleisch der weniger Begüterten, preiswerte, einfache Köstlichkeiten wie diese zaubert.

Grundrezept Pastetenteig:
250 g Rindertalg oder Butterschmalz
500 g Mehl
1 TL Salz
0,2–0,3 l Wasser

Das kalte Fett kleinhacken mit einem großen Messer, das man wie ein Wiegemesser handhabt. Gelegentlich mit Mehl bestäuben, damit es nicht zusammenklebt.

Mehl, Fett und Salz in einer Schüssel sorgfältig mit den Fingern durchmischen und zerbröseln. Das Fett soll nicht ganz zerdrückt werden, sonst geht der Teig nicht richtig auf. Das Wasser portionsweise zugeben (meistens genügen 0,2 l) und dabei kräftig mit einem Holzlöffel rühren, so daß es sich gut mit Mehl und Fett verbindet. Den Teig schnell und energisch kneten. Er soll geschmeidig sein und sofort verbacken werden, also vorher nicht ruhen lassen.

Für die Füllung:
360 g schieres Schweinefleisch
240 g frischer Schweinespeck
weißer Pfeffer aus der Mühle
1 TL frischer gehackter Thymian
1 TL frischer gehackter Majoran
1 Msp. gemahlene Nelke
1 Msp. gemahlene Muskatnuß
1 Msp. gemahlener Kardamom

2 im Mörser mit Salz zerriebene Knoblauchzehen
6 zerdrückte Wacholderbeeren
150 g roher Kasseler Rippenspeer ohne Knochen, Fett und Sehnen
400 g gekochter Kasseler Rippenspeer ohne Knochen, Fett und Sehnen als Einlage
1 Ei zum Bestreichen

Eine Kastenform für Pasteten mit 1,5 l Inhalt

Das Schweinefleisch und den Speck in Streifen schneiden, in eine Schüssel legen, würzen, mit Klarsichtfolie abdecken und kühlen. Das Fleisch zweimal durch die feinste Scheibe des Fleischwolfs drehen, den Speck nur einmal durchdrehen. Beides ½ Std. in den Kühlschrank stellen, dann zügig vermischen. Wieder ½ Std. kühl stellen.

Den Backofen auf 220° C (Gas Stufe 4) vorheizen.

Den gewürfelten Kasseler Rippenspeer unter die Farce mischen.

Vom Teig ¼ abnehmen. Die Pastetenform ausbuttern und mit ¾ des Pastetenteigs auskleiden. Die Hälfte der Farce in die Form geben und an den Wänden hochstreichen, das Stück Kasseler Rippenspeer im Ganzen einlegen, die restliche Farce draufstreichen und einen Deckel aus dem übrigen Teigviertel aufsetzen. Mit verquirltem Ei bestreichen. Zwei Schornsteine (s. Glossar) für den Dampfabzug ausstechen. Bei 220° C 15 Min. backen, dann bei 180° C fertig backen, bis die Pastete goldbraun ist.

Les pâtes, les pâtés et les terrines

FISCHPASTETE **
Pâté de poisson

Elsaß

Kleine, sehr aromatische, aber oft etwas grätenreiche Süßwasserfische sind auch in den großstädtischen Fischläden zu haben und meistens sehr billig. Entstanden ist diese elsässische Spezialität natürlich, weil früher jeder selber seine Brachsen aus dem nächsten Bach fing. Der Einfachheit halber sollten Sie die Fische aber filetiert kaufen.

Für den Blätterteig: *8 g Salz*
500 g Mehl   *500 g Butter*
0,2 l Wasser   *100 g Mehl*

Der einfache Kniff bei diesem Teig: Er setzt sich aus einem Wasserteig und einem Butterteig zusammen. Die sich abwechselnden Schichten treiben den Teig dann beim Backen in die Höhe.

Für den Wasserteig: 250 g Mehl auf ein Backbrett sieben, in die Mitte eine Mulde drücken, kaltes Wasser und Salz hineingeben und mit den Händen rasch von innen nach außen zusammenarbeiten. Den Teig dann zügig weiterkneten, bis die Oberfläche glatt und glänzend ist. Zu einer Kugel formen und zugedeckt ruhen lassen.

Für den Butterteig: Die möglichst kalte Butter in Stücke schneiden, auf das gemehlte Backbrett geben, 250 g Mehl darüber sieben, verkneten, zu einer Kugel formen und zugedeckt im Kühlschrank ruhen lassen. Wenn er gut durchgekühlt ist, auf einem sehr gut eingemehlten Backbrett zu einem Quadrat oder Rechteck (je nach Weiterverwendung) ausrollen. Dann den Wasserteig auf die halbe Größe des Butterteigs ausrollen, auf eine Hälfte des ausgerollten Butterteigs legen, die andere darüberschlagen. Die Ränder fest zusammendrücken, so daß der Butterteig im Mehlteig richtig eingeschlossen ist. Jetzt von oben, also von der vom Körper entfernten Seite her, nach unten ausrollen, danach von rechts nach links. Wichtig: der Druck sollte ganz gleichmäßig sein. Noch einmal 20 Min. ruhen lassen.

Für die Farce: *2 Eier getrennt*
1,2 kg preiswerte Flußfisch- *¼ l Sahne*
filets vom Weißfisch *Salz*
(z.B. Brachsen) *weißer Pfeffer*
Petersilie, Dill, Pimpernelle,
Schnittlauch, Kerbel

Den Fisch salzen, pfeffern und gut durchkühlen, in Stücke schneiden und im Mixer pürieren. Die Kräuter fein hacken, dazu geben. Nach und nach die Eiweiß und die Sahne darunterrühren. Salzen und pfeffern. Rasch arbeiten, damit die Masse sich nicht zu sehr erwärmt. In die mit ¾ des Teigs ausgeschlagene Pasteten-Form von ca. 1,5 l füllen. Mit der Teigplatte aus dem übrigen Viertel Blätterteig abdecken, die Ränder ringsherum sehr gut zusammendrücken. Zwei Löcher für die Schornsteine (s. Glossar) stechen, durch die der Dampf entweichen kann.

Eigelb mit Wasser verkleppern und die Oberfläche damit einpinseln.

Im vorgeheizten Backofen (200° C, Gas Stufe 3) ca. 1 Std. backen, bis der Teig goldbraun ist. Servieren mit Sauerrahm mit etwas Knoblauch oder Crème fraîche pur.

Dazu paßt ein trockener Elsässer Riesling.

Les pâtes, les pâtés et les terrines

GEFLÜGELLEBER-TERRINE ***
Terrine de foie de volailles

Provence

Als Vorspeise ausreichend für 10 bis 12 Personen.

Eine Terrine ist schlicht eine Pastete ohne Teigmantel, die, daher der Name, in einer feuerfesten Steingut- oder Porzellanterrine gegart wird. Heute sind Terrinen als Vorspeisen beliebt, früher waren sie Zwischenmahlzeit oder bei den Bauern sättigendes Abendessen ... und so üblich wie Wurst.

3 Schalotten, sehr fein gehackt
30 g Butter
750 g Hühnerleber, geputzt
300 g Hühnerbrust ohne Knochen
100 g roher Schinkenspeck
0,1 l Portwein
2 Eier
2 im Mörser mit Salz zerriebene Knoblauchzehen

4 Prisen gemahlener Zimt
4 Stengel Thymian, abgerebelt
1 TL Salz
1 TL frisch gemahlener Pfeffer
2 EL Walnußöl
6 Lorbeerblätter

Den Backofen vorheizen auf 180° C (Gas Stufe 2). Die Schalotten mit der Hälfte der Butter und 1 EL Wasser in einen kleinen Topf geben und unter ständigem Rühren auf kleiner Flamme glasig dünsten. Beiseite stellen.

Die restliche Butter in einer Pfanne erhitzen, die Geflügellebern hineingeben und bei mittlerer Hitze garen. Vom Feuer nehmen, abkühlen lassen. Dann die Lebern in 1 cm große Würfel schneiden und in einer Schüssel mit den Schalotten vermischen.

Hühnerbrust und Schinkenspeck in Stücke schneiden und durch den Wolf drehen oder in der Küchenmaschine auf mittlerer Stufe zerkleinern. Portwein, Eier, Knoblauch, Zimt und Thymian hinzufügen. Die Farce salzen und pfeffern, gründlich verrühren und unter die Leber-Schalotten-Mischung rühren.

Eine 1,25 l fassende Terrine einölen. Die Masse einfüllen, festklopfen. Die Oberfläche mit Öl bestreichen, die Lorbeerblätter darauf verteilen. Den Deckel auflegen und 1½ Std. im Backofen garen. Dann den Deckel abnehmen und offen nochmals 15 Min. backen, bis die Oberfläche gebräunt ist.

Beiseite stellen, auskühlen lassen und vor dem Servieren mindestens 12 Std. in den Kühlschrank stellen.

Baguette und grünen Salat dazu reichen.

GÄNSEKLEIN-TERRINE ***
Terrine d'abats d'oie

Périgord

Wenn die Rede ist von einer Gänse-Terrine aus dem Périgord, werden außerhalb Frankreichs die Tierschützer scharf, die sparsamen Haushalter leise und die von Skrupel unbehelligten Feinschmecker ganz andächtig. Sie denken nämlich alle an die teure Stopfleber von genudelten Gänsen.

Aber die ist auch im Périgord eine Kostbarkeit und daher alles andere als alltäglich. Billig und köstlich ist hingegen diese Terrine aus den Abfällen vom sonntäglichen Gänsebraten. Natürlich kann man das Gänseklein und die sehr preiswerten Gänselebern alleine bei einem guten Geflügelhändler bekommen.

Gänseklein von 2 Gänsen, also Herz, Lunge, Magen, Hals und Flügel
2 normale Gänselebern
800 g Schweinehals mit Knochen
1 Karotte
1 Zwiebel
¼ Sellerieknolle
1 ½ l Knochenbrühe oder Wasser
10 weiße Pfefferkörner
Blätter von 2 Stengeln Majoran (oder 1 TL getrockneter Majoran)
Blätter von 2 Stengeln Basilikum (oder 1 TL getrocknetes Basilikum)
2 Knoblauchzehen
3 TL Salz
½ TL grüner Pfeffer
1 TL Paprikapulver
Blätter von 2 Stengeln Thymian (oder 1 TL getrockneter Thymian)
Blätter von 1 Stengel Majoran (oder ½ TL getrockneter Majoran)
1 Lorbeerblatt
5 Pimentkörner
50 g Weißbrot
⅛ l Sahne
1 Ei
3 EL Olivenöl
6 Schalotten
⅛ l Portwein

300 g Speck in dünnen Scheiben

Das Fleisch der Gänsemägen aus der festen Außenhaut schälen, von den Herzen die Adern und von den Lebern die Blutgefäße entfernen. Den Schweinehals entbeinen. Die Knochen zerhacken, zusammen mit den zerkleinerten Hälsen und Köpfen der Gänse und den weggeputzten Abfällen der Innereien im heißen Öl in einer Fettpfanne 10 Min. anbraten. Dann das grob gewürfelte Röstgemüse (Zwiebel, Karotte, Sellerie) zugeben, 20 Min. zusammen rösten, in einen großen Topf geben und mit der Knochenbrühe oder dem Wasser aufgießen. Aufkochen, abschäumen und die Gewürze zugeben. Auf kleiner Flamme 30 Min. lang weiterkochen, abseihen, wenn nötig entfetten und den Sud auf ⅛ reduzieren.

Die Innereien und das Schweinefleisch in Streifen schneiden, mit Salz und gehackten bzw. gestoßenen Gewürzen bestreuen und kühlen. Das Weißbrot mit Rinde in dünne Scheiben schneiden, in einen Suppenteller legen, mit Sahne und dem verquirlten Ei begießen.

Das Olivenöl in einer Pfanne erhitzen, die Leber kurz von allen Seiten anbraten, herausnehmen und kühlen. Die feingewürfelten Schalotten im Bratensaft der Leber hell anlaufen lassen, mit dem Portwein aufgießen und nach 3 Min. den reduzierten Fond zugeben. Bei ganz sanfter Hitze einkochen.

Das Fleisch mit dem eingeweichten Weißbrot 2mal durch die feine Scheibe des Fleischwolfs drehen. Die einkondensierte Flüssigkeit mit dieser Fleischfarce verrühren. Die Lebern in kleine Würfel schneiden und unter die Farce mischen.

Die Terrine mit den Speckscheiben auskleiden, die Farce in nach und nach größeren Portionen einfüllen und darauf achten, daß keine Hohlräume entstehen. Mit Speck abdecken, mit Kräuterzweigen belegen und mit geschlossenem Deckel ins Wasserbad stellen. Im vorgeheizten Backofen bei 150° C (Gas Stufe 1) ungefähr 75 Min. garen.

Les pâtes, les pâtés et les terrines

BAUERNTERRINE ✶✶
Terrine de campagne

Provence

Derb, deftig und unwiderstehlich: Gerade in der Provence haben die Terrinen noch einen unverfälschten Charakter. Ihnen schmeckt jeder an, daß sie eigentlich ländliche, einfache Erfindungen sind und nichts zu tun haben mit hochaufwendiger Pâtisserie.

2 Kaninchenkeulen
400 g schieres Schweine-
  fleisch
200 g frischer Speck
1 ½ TL Salz
½ TL schwarzer Pfeffer aus
  der Mühle
1 Msp. geriebene Muskat-
  nuß
5 Wacholderbeeren
2 Lorbeerblätter
1 EL Herbes de Provence

2 cl Cognac
2 Eier
250 g geräucherter
  Schweinebauch
300 g frischer Speck in
  dünnen Scheiben
3 Lorbeerblätter
8 Wacholderbeeren

Eine Terrine von ca. 1,2 l
  Inhalt

Kaninchenkeulen im Geschäft auslösen lassen oder selbst auslösen, Haut und Sehnen wegschneiden. Kaninchenfleisch, Schweinefleisch und den frischen Speck in kleine Würfel schneiden. In eine Schüssel geben, mit Salz und den übrigen Gewürzen bestreuen, mit dem Cognac übergießen und sorgfältig vermischen. Über Nacht zugedeckt durchziehen lassen.

Am nächsten Tag das Ganze in kleinen Portionen in der Küchenmaschine zerkleinern. Kaltstellen. Nach einer Stunde die Eier unter diesen Fleischteig mischen, 10 Min. kräftig durchrühren. Die Schwarte vom Bauchspeck abschneiden, den Speck fein würfeln und unter den Fleischteig arbeiten. Probieren, wenn nötig nachwürzen. Die Terrine mit den Speckscheiben auslegen, die Farce einfüllen, die Oberfläche glatt streichen, mit Lorbeerblättern und Wacholderbeeren garnieren und mit kräftig gebuttertem Pergamentpapier abdecken. In der geschlossenen Terrine im Wasserbad garen. Dabei schrumpft der Inhalt etwas. Wenn die Terrine erkaltet ist, gießt man daher die Ränder mit Schweinefett aus. So konserviert, ist sie im Kühlschrank zwei Wochen haltbar.

Diese Terrine kann auch ohne Wasserbad im Ofen gegart werden, wobei mehr Fett austritt. Das verschließt aber, kalt geworden, optimal die Oberfläche und die Terrine bleibt schön saftig. Beim Verzehr wird dann das Fett entfernt.

Dazu eine Baguette und grünen Salat.

Drei Tips fürs Terrinenbacken:

1. Wenn Sie feststellen wollen, wann die Terrine gar ist, prüfen Sie die austretende Flüssigkeit. Ist sie goldbraun, ist die Terrine gar.

Faustregel für die Garzeit: 1 Std. pro 500 g Farce.

2. Beim Garen im Wasserbad im Backofen muß die Terrinenform bis zur Hälfte im Wasser stehen.

3. Zum Erkalten die Terrine mit einem Brettchen in ihrer Größe bedecken und mit einem Gewicht beschweren.

LES LÉGUMES

KARTOFFELPFANNE MIT MÜNSTERKÄSE

Pommes de terre coiffées de Munster

Elsaß

Ignoranten können ihn nicht riechen, aber Liebhabern steigt sein ziemlich deftiges Parfum verführerisch in die Nase: Der stark riechende Rotschmierkäse aus dem Münstertal, bekannt als Munster, wurde früher aus der rohen Milch der Vogesen-Kühe hergestellt. Auf einem Rohmilch-Munster sollten Sie auch heute bestehen. In Verbindung mit Kartoffeln macht er geradezu andächtig. Zu Recht: Im 7. Jahrhundert schon hatten ihn die Benediktiner-Mönche, denen jeder Fleischgenuß verboten war, dort erfunden.

Es muß ja nicht immer das Lamm Gottes sein.

16 gekochte Kartoffeln
4 Zwiebeln
8 EL Sonnenblumenöl
Pfeffer, Salz
250 g nicht zu reifer Munster

Kartoffeln und Zwiebeln schälen, in dünne Scheiben hobeln und in 4 Portionen nacheinander in der Pfanne im nicht zu heißen Öl wie Rösti anbraten, dabei pfeffern und salzen. Sobald der Kartoffelfladen an der Unterseite braun und kroß geworden ist, den entrindeten, in Scheiben geschnittenen Munsterkäse darauf verteilen. Die Pfanne zudecken und den Käse schmelzen lassen. Schließlich die Kartoffelfladen zusammenklappen und auf einem Teller anrichten.

Dazu grünen Salat servieren.

Gemüsegerichte

LAUCHROULADE MIT BIRNEN ✲✲
Roulade de poires et de poireaux

Die Lust an Sprachspielereien ist für Franzosen so groß, daß sie sogar zu eßbaren Kombinationen inspiriert. Pierre & Pierrot sind ein bekanntes Pärchen, Poire & Poireaux sind es daher auch geworden. Ein unkonventionelles, bescheidenes und harmonisches Paar.

450 g Lauch
115 g Butter
1 TL feingehackte Minze
Salz
frisch gemahlener Pfeffer
2 EL Butter
2 EL frisch geriebener
  Gruyère
4 Eier, getrennt

Für die Füllung:
680 g reife Birnen
½ TL gemahlener Zimt
115 g Quark
1 Prise Zucker
Salz

Das Weiße vom Lauch in feine Streifen schneiden, waschen, trocknen und in der Hälfte der Butter auf kleiner Flamme weich und breiig dünsten.

Die Mischung pürieren, die Minze unterrühren und mit Salz und Pfeffer würzen.

Den Backofen auf 190° C (Gas Stufe 2–3) vorheizen.

Eine Backform, 33 x 23 cm, mit gebuttertem Pergamentpapier auslegen und die Hälfte des Gruyère daraufstreuen.

Eigelb unter das Lauchpüree mischen, Eiweiß steifschlagen und unter das Püree heben. Die Soufflé-Mischung in die Form geben und glattstreichen.

Den restlichen Gruyère darüberstreuen und die Form in der Mitte des vorgeheizten Ofens 10–15 Min. backen, bis das Soufflé schön aufgegangen und goldbraun geworden ist.

Während des Backvorgangs die Birnen schälen und würfeln.

Die restliche Butter in einer großen Pfanne schmelzen und darin auf mittlerer Flamme die Birnenwürfel weich dünsten. Vom Herd nehmen, leicht zerdrücken, Zimt, Quark, eine Prise Zucker und eine Prise Salz unterrühren.

Das Soufflé aus dem Ofen nehmen, auf ein Stück Butterbrotpapier legen, das Backpapier abziehen. Die Birnenfüllung darüber verteilen und von der schmalen Seite her aufrollen. Auf einer feuerfesten Platte nochmals 5 Min. in den heißen Ofen schieben, dann sofort servieren.

Gemüsegerichte

BOHNEN AUF BRETONISCHE ART *
Haricots à la bretonne

Weiße Bohnen gelten in Frankreich als klassische und billige Beilage zu allen Lammgerichten. Aber gerade dieses aromatische Gemüse schmeckt auch pur zu einer Baguette köstlich. Dann darf es aber für 4 Personen um die Hälfte mehr sein.

500 g getrocknete weiße Bohnen
2 Zwiebeln
1 Gewürznelke
1 Mohrrübe
30 g Stangensellerie
3 Stengel glatte Petersilie
1 Bouquet garni
3 Knoblauchzehen
2 Tomaten
100 g Butter
Salz
Pfeffer aus der Mühle

Die Zwiebeln schälen, eine hacken, die andere mit der Nelke spicken. Die Mohrrübe schaben, die Selleriestange in dünne Scheiben schneiden, den Lauch ebenfalls in dünne Scheiben schneiden und danach waschen. Die Petersilie fein hacken, den Knoblauch schälen.

Die gründlich gewaschenen weißen Bohnen nicht wie üblich über Nacht einweichen, sondern in einen Topf geben, mit kaltem Wasser bedecken, kurz aufkochen und durch ein Sieb abgießen. Die blanchierten Bohnen abtropfen lassen. Wieder in einen Topf geben, wieder mit Wasser bedecken, etwas salzen, bei starker Hitze zum Kochen bringen, nach 10 Min. die gespickte Zwiebel, das Bouquet garni, die Mohrrübe und 2 Knoblauchzehen zugeben und dann bei reduzierter Hitze etwa 40 Min. auf kleiner Flamme garen. Dabei immer wieder abschäumen und wenn nötig Wasser nachgießen.

Die dritte geschälte Knoblauchzehe fein hacken, die Tomaten überbrühen, enthäuten und würfeln.

In einer Kasserolle 50 g Butter zerlassen, Sellerie, Lauch, gehackte Zwiebel, Salz und Pfeffer hineingeben und unter Rühren mit einem Holzlöffel ca. 8 Min. schmoren, bis die Gemüse Farbe bekommen. Dann Tomaten und Knoblauch zugeben und weitere 5 Min. schmoren.

Aus dem Bohnentopf das Bouquet, die Mohrrübe, die Zwiebel und den Knoblauch entfernen, die Bohnen mit dem Schaumlöffel herausnehmen, zu dem Schmorgemüse geben, etwas Kochflüssigkeit von den Bohnen zugießen. Die übrige Butter, Salz und Pfeffer beigeben, nochmals durchmischen und auf einer flachen Schüssel mit gehackter Petersilie bestreut servieren.

Gemüsegerichte

AUBERGINENKRONE ✻
Papeton d'aubergines

Provence

Eigentlich ist dieser köstliche vegetarische Augen- und Magenschmaus ein falscher Hase: Der Name papeton oder auch poupeton leitet sich nämlich ab von der polpetta, dem italienischen Hackbraten; den hatten die Köche, die Katharina di Medici importiert hatte, in Paris populär gemacht.

500 g Auberginen, längs halbiert
250 g Zucchini, in dicke Scheiben geschnitten
4 EL Olivenöl
3 feingehackte Zwiebeln
3 zerriebene Knoblauchzehen
je 1 große rote und 1 grüne Paprikaschote, geputzt und fein gewürfelt
1 verkleppertes Ei
75 g Semmelbrösel
Salz, Pfeffer aus der Mühle

Für die Sauce:
500 g Tomaten, enthäutet und fein gehackt
1 Bouquet garni
Salz
Pfeffer aus der Mühle

Eine Charlottenform von ca. 1,5 l Fassungsvermögen

Den Backofen auf 220° C (Gas Stufe 4) vorheizen. Das Fleisch der Auberginen mit einem Messer einritzen, Auberginen und Zucchini salzen und ½ Std. stehen lassen, damit sie Wasser ziehen. Abwaschen, trocknen.

Die Auberginen mit der Schnittfläche nach unten in eine feuerfeste Form legen und im vorgeheizten Backofen 15 Min. garen. Dann das Fruchtfleisch vorsichtig mit einem Löffel herausschaben, die Haut aufbewahren.

In einer Pfanne 3 EL Olivenöl erhitzen, die Zucchinischeiben darin auf beiden Seiten goldbraun anbraten.

Für die Sauce die Tomaten, das Bouquet garni, Salz und Pfeffer in einen Schmortopf geben, zudecken und 10 Min. garen, dann aufdecken und 15 Min. köcheln lassen, bis die Sauce stark eindickt.

In einem großen Topf das restliche Öl erhitzen, die Zwiebeln dazugeben, schmoren, ohne daß sie braun werden. Das Auberginen-Fleisch, die Zucchini, den Knoblauch, die roten und grünen Paprikawürfel und die Hälfte der Tomatensauce zusammen mit dem Bouquet garni dazugeben, salzen, pfeffern und sachte mischen. Die restliche Tomatensauce beiseite stellen.

Die Gemüsemischung ohne Deckel in den Backofen stellen und dort 30 Min. garen, dabei von Zeit zu Zeit umrühren.

Dann das Bouquet garni entfernen, die Eier und die Semmelbrösel unterrühren, so daß die Mischung Halt bekommt.

Den Backofen auf 175° C herunterstellen (Gas Stufe 2).

Die Charlottenform mit Olivenöl auspinseln, mit den Auberginenschalen auskleiden, so daß die dunkellila Seite nach außen weist, die Gemüsemischung einfüllen und die überstehenden Auberginenschalen oben darüberfalten. Ein passendes Stück Pergamentpapier ausschneiden, einölen und das Ganze damit abdecken. In ein Wasserbad mit kochendem Wasser setzen, sofort in den Ofen schieben und 1 Std. garen, bis der Papeton fest geworden ist. Kurz vor dem Servieren stürzen und mit der Tomatensauce garnieren.

Gemüsegerichte

KARTOFFELAUFLAUF MIT KÄSE *

Gratin dauphinois

Nicht etwa vom Delphin, der auf Französisch dauphin heißt, hat das Gericht seinen Namen. Noch viel weniger vom Dauphin, wie in Frankreich der Thronfolger hieß oder dessen Gemahlin, der Dauphine. Womit der feine Adel kaum zufriedenzustellen gewesen wäre, ist eine Erfindung aus der Dauphiné. Die Dauphiné, eine historische Provinz in Südost-Frankreich, heißt zwar nach den Fürsten, die dort seit dem 13. Jahrhundert regiert haben und den Adelstitel Dauphin trugen, aber berühmt ist sie heute noch für ihre besonders guten Aufläufe und Gratins.

1 kg Kartoffeln
Salz, Pfeffer
1 Msp. geriebene Muskatnuß
1 Knoblauchzehe

3–4 EL Butter
100 g Gruyère
2 Eier
½ l Vollmilch

Kartoffeln abreiben (nicht waschen), schälen, in feine Scheiben schneiden, salzen, pfeffern und mit Muskat würzen. Den Knoblauch schälen und die Auflaufform damit gründlich ausreiben, dann kräftig mit Butter einschmieren.

Den Backofen auf 200° C (Gas Stufe 3) vorheizen.

Die gewürzten Kartoffelscheiben in die Form schichten. Den Gruyère reiben, mit Eiern und Milch verquirlen und über die Kartoffeln gießen. Die Flüssigkeit soll die Kartoffeln nicht ganz bedecken. Ein paar Butterflöckchen auf der Oberfläche verteilen. Den Auflauf auf der Herdplatte ganz kurz aufkochen, dann in den vorgeheizten Ofen schieben und in ca. 45 Min. fertig backen. Vor dem Servieren nochmals mit ein paar Butterflöckchen bestreuen und in der Form servieren.

Dazu grüner Salat und ein leichter, kellerkühler Rotwein (Beaujolais).

FRAGEBOGEN

Jean-Claude Bourgueil
*Cuisinier im »Restaurant Im Schiffchen«, Düsseldorf-Kaiserswerth
Jahrgang 1947
Geboren in Sainte-Maure de Touraine*

Wenn Sie zwei Wochen lang jeden Tag das gleiche essen müßten, wofür würden Sie sich entscheiden?
Für Salade niçoise.

Auf welchen kulinarischen Luxus können Sie mühelos verzichten?
Auf jeden! (Für eine gewisse Zeit.) Das Können ist nicht auf Luxus angewiesen; die Kochkunst fängt mit den einfachsten Dingen an.

Was war Ihre Leibspeise in der Kindheit?
Gefüllte Eier, Königin-Pastetchen, Mousse au chocolat.

Was sind für Sie die drei Grundbestandteile der französischen Küche?
Die Vielfalt der Produkte, die aus geographischen Gründen gehobene Qualität dieser Produkte und die Tradition, immer gut essen zu wollen – Genuß als Grundsatz des Lebens.

Hätten Sie nur eine ganz schmale Rente: Wovon würden Sie sich vor allem ernähren?
Von Büchern, Musik, selbst geangelten Fischen, selbst gebackenem Brot, Salaten und Kräutern.

Sinnlose Verschwendung: Woran denken Sie da im Bereich Essen und Trinken?
An die Massenmenschen, die wahllos alles verschlingen, was die Industrie anbietet – auf Kosten ihrer eigenen Gesundheit.

Welches ist für Sie das beste klassische Gericht Ihrer Heimat?
Pot-au-feu am Sonntag: aus dem, was übrigbleibt, lassen sich unzählige andere Gerichte zubereiten.

Was ist der schlimmste gastronomische Brauch des 20. Jahrhunderts?
Durch Wohlstand möglich gemachter Konsum und Mißbrauch von Edelprodukten ohne jeglichen kulinarischen Genuß.

Bei welchem Essensduft werden Sie schwach?
Vanille aus Tahiti.

Sie bereiten ein Liebesmenü für zwei, das sich auch ein Student oder Lehrling leisten könnte. Was gibt es zu essen, was gibt es zu trinken?
Für die Liebe gibt man auch als Lehrling üblicherweise alles aus! Selbstgepflückte Blumen und eine Kerze sind unverzichtbar. Mit ein ganz klein bißchen Kreativität ist ein Tisch schön und preiswert zu dekorieren. Zu trinken gibt es natürlich eine Flasche Bourgueil. Zu essen gibt es einen großen Salat mit Wachtel mit einem tief sinnlichen Sellerieduft. Für die Unterhaltung gibt es danach einen Käse – einen Sainte-Maure-Käse aus meinem Geburtsort aus der Loire-Region –, der gleich Gesprächsstoff liefert. Zum Imponieren gibt es einen warmen Auflauf mit Rosenwasser als Dessert.

Welches französische Gericht ist zu Unrecht vergessen?
Die Gerichte unserer Mütter und Großmütter.

Wenn Sie in Frankreich authentisch, einfach, gut und preiswert essen wollen. Wo gehen Sie hin?
In die Hochprovence, ins Massif Central oder einfach aufs Land, dorthin, wo sich der Dorfnotar und der Bürgermeister treffen.

Les légumes

GESCHMORTER KOPFSALAT *

Laitues braisées

Die Römer haben bereits mit Bohnenkraut gekocht, weil es bei der Verdauung hilft und gegen Blähungen wirkt. Dieser Schmor-Salat ist daher als Beilage zu schwer verdaulichen Gerichten ideal geeignet.

4 schöne Salatköpfe
50 g Butter
4–6 Stengel frisches Bohnenkraut

1 TL abgerebelter Thymian
1 Tasse Geflügelfond
(s. Glossar)
Salz, Pfeffer

Die welken Blätter vom Salatkopf entfernen, die Strünke abschneiden und die Köpfe im Ganzen waschen.

Salzwasser in einem großen Topf zum Kochen bringen, die Salatköpfe darin 5 Min. blanchieren, mit dem Schaumlöffel herausheben und unter kaltem Wasser abschrecken. Auf ein trockenes Küchentuch legen, wenden, damit das Wasser restlos abtropfen kann.

Den Backofen vorheizen auf 200° C (Gas Stufe 3).

Eine feuerfeste tiefe Platte mit Butter einschmieren, die Salatköpfe nebeneinander daraufbetten, jeweils einen oder zwei Zweige Bohnenkraut dazwischen legen und die Köpfe mit dem Thymian überstreuen.

Butterflöckchen darauf setzen, mit dem Geflügelfond übergießen und mit einem Stück gebutterter Aluminiumfolie abdecken. Im vorgeheizten Ofen garen, bis der Fond ganz eingekocht ist. Auf der Platte servieren.

PROVENZALISCHER GEMÜSETOPF *
Ratatouille

In der Grafschaft Nizza ist sie erfunden worden, aber längst im ganzen Südosten Frankreichs zum Inbegriff mediterraner Küche aufgestiegen. Kalt, lauwarm oder heiß, als Vorspeise oder Hauptspeise: Ratatouille ist ein leicht bekömmliches Gericht, was aber nur vollkommen schmeckt, wenn die Tomaten vollreif und frisch geerntet worden sind.

Seinen Namen hat die Ratatouille von touiller, zu deutsch rühren, mischen.

500 g Tomaten
2 kleiner Zwiebeln
2 Zucchini
1 Aubergine
2 Paprikaschoten (1 rote, 1 grüne)
2 Knoblauchzehen
2 Thymianzweige
1 Kräutersträußchen aus 1 Lorbeerblatt, 2 Petersilienstengeln, 3 Basilikumblättern und 1 kleinen Selleriestange
6–7 EL Olivenöl
Salz, Pfeffer
Koriandersamen

Die Tomaten überbrühen, enthäuten und würfeln. Die Zwiebeln schälen und in dünne Scheiben schneiden. Zucchini und Auberginen waschen und ungeschält in dünne Stifte schneiden. Paprikaschoten halbieren, putzen, waschen und in feine Streifen schneiden. Den geschälten Knoblauch fein hacken.

In einer Kasserolle 2 EL Olivenöl heiß werden lassen, Zwiebeln mit einer Prise Salz glasig dünsten, Paprikastreifen zugeben, nochmals salzen und 5 Min. auf kleiner Flamme schmoren. Die Tomaten zugeben, alles miteinander vermengen und auf kleiner Hitze garen, bis der Paprika weich ist, aber noch Biß hat und nicht zerfällt.

Währenddessen in einer großen Pfanne 3 EL Olivenöl erhitzen, die Zucchini hineingeben und goldbraun werden lassen

Les légumes

Aus der Pfanne nehmen und in einem Sieb abtropfen lassen. Das restliche Olivenöl in die Pfanne geben, erhitzen, die Auberginen hineingeben und von allen Seiten goldbraun braten. Herausnehmen und abtropfen lassen.

Zucchini und Auberginen mischen, salzen und pfeffern und mit dem frischen Thymian bestreuen. Beide Gemüse zu den Zwiebeln, Tomaten und Paprikaschoten geben und die Ratatouille zugedeckt ½ Std. köcheln lassen. Das Kräutersträußchen entfernen, die Ratatouille in einer flachen Schüssel oder auf einer tiefen Platte anrichten, mit zerstoßenen Koriandersamen bestreuen und mit einer Baguette servieren.

Kartoffelpuffer nach Art der Ardèche

La crique

                                          *

Anders als der in Deutschland bekannte Kartoffelpuffer oder Reibekuchen wird »La crique« mit Knoblauch und Petersilie angereichert, auch andere Kräuter passen dazu, und mit einem Klacks Crème fraîche wird er gern als Hauptgericht verzehrt.

600 g Kartoffeln
2 Knoblauchzehen, mit Salz
   im Mörser zerrieben
2 EL gehackte Petersilie
Butter und Olivenöl zum
   Braten

Die geschälten Kartoffeln in eine Schüssel raspeln, Knoblauch und Petersilie zugeben. Olivenöl und Butter zusammen in einer Pfanne sehr heiß werden lassen, den Kartoffelteig in die Pfanne geben, auf beiden Seiten goldbraun backen. Zum Abtropfen auf Küchenkrepp legen. In vier Portionen teilen und heiß servieren.

Les légumes

PÜREE VON LAUCH UND KARTOFFELN   *

Purée de poireaux aux pommes de terre

Die Küche, die Gault und Millau »Nouvelle cuisine« tauften, bezog manche Ideen nicht aus der allzu überbordenden Fantasie der Kochkünstler, sondern aus der Vergangenheit. Die Verbindung von Lauch und Kartoffeln war in Frankreich jahrhundertelang üblich, geriet dann aber in Vergessenheit.

600 g Lauch (nur die weißen und hellgrünen Teile, die dunkelgrünen entfernen)
400 g mehligkochende Kartoffeln
3 EL Olivenöl
½ l Wasser oder besser Gemüsebrühe
Salz, weißer Pfeffer
je ½ Bund Majoran und Petersilie

Den Lauch waschen und sehr klein hacken, die Kartoffeln schälen und fein würfeln.

Das Öl in einem großen Topf erhitzen, Lauch und Kartoffeln hineingeben und auf kleiner Flamme 3 Min. garen.

Das Wasser mit Salz oder die Gemüsebrühe dazugießen und alles zusammen wieder auf kleiner Flamme 20 Min. garen, bis die Flüssigkeit verkocht ist.

Kräftig aufschlagen oder durch die Küchenmaschine passieren, nochmals erhitzen, Pfeffer darüber mahlen, mit den Kräutern bestreuen und sofort servieren.

Dieses Püree paßt besonders gut zu Kabeljau und Stockfisch-Gerichten, aber auch zu Leber jeder Provenienz.

Gemüsegerichte

SCHNEE VON KNOLLENSELLERIE *
Neige de célerie boule

Knollensellerie war von jeher eine Sache der Bauern und der Armen und gehört heute noch immer zu den billigsten Gemüsen. Reich ist sie trotzdem an Aroma. Und elegant als Begleiterin von gebratenem Geflügel. Aber auch schlichte Maronen schmecken köstlich zu diesem Schnee von Knollensellerie.

1 kg Knollensellerie
1 kleine mehligkochende Kartoffel
1 Zwiebel
Salz
Pfeffer aus der Mühle
125 ml Crème fraîche
3 EL Olivenöl

Die Knollensellerie schälen, dann erst waschen und in Würfel von 4 x 4 cm schneiden. Die Kartoffel schälen und ebenfalls würfeln. Die geschälte Zwiebel fein hacken und in etwas Butter glasig dünsten. Sellerie und Kartoffelwürfel daraufgeben, mit Salz und Pfeffer bestreuen und ca. 35 Min. dämpfen, bis die Sellerie sehr weich ist. Dann durch die Kartoffelpresse drücken oder in der Küchenmaschine pürieren und das Püree mit einem Schneebesen zusammen mit der Crème fraîche aufschlagen. Jetzt in ganz dünnem Strahl, wie bei der Mayonnaise-Bereitung, das Öl zugießen. Das Püree nochmals vorsichtig (am besten im Wasserbad) erhitzen.

Les légumes

GRATIN VON ZUCCHINI, TOMATEN ٭ UND ZWIEBELN
Tian de courgettes, tomates et oignons

Provence

»Tian« nennen die Provenzalen eine ovale oder runde Tonform, die nicht nur zum Gratinieren, sondern auch zum Garen von Gemüse besonders gut geeignet ist. Tian heißt deswegen auch ein Gericht, das darin zubereitet wird – wie dieser Auflauf.

0,1 l Olivenöl
500 g Zwiebeln, in dünne Scheiben geschnitten oder gehobelt
4 große Zucchini, schräg in 1 cm dicke Scheiben geschnitten
750 g reife, aber schnittfeste Tomaten, ebenfalls in 1 cm dicke Scheiben geschnitten
1 Knoblauchzehe
Salz, Pfeffer

Den Backofen auf 200° C (Gas Stufe 3) vorheizen.

Die Hälfte des Öls in einer Pfanne erhitzen. Die Zwiebeln darin auf kleiner Flamme glasig dünsten, dann in eine mit Öl ausgepinselte ofenfeste Form oder einen originalen Tian füllen und glattstreichen. Abwechselnd je eine Schicht Zucchini und eine Schicht Tomaten darauflegen. Den Knoblauch mit Salz im Mörser zerreiben, mit dem restlichen Olivenöl verquirlen und damit das Gemüse einpinseln. Pfeffer darüber mahlen.

Im Ofen 1 Std. garen, bis es oben ganz sachte gebräunt ist.

Wenn das Gratin ein Hauptgang sein soll, kann man es mit geriebenem Gruyère servieren.

GRATIN VON WINTERWURZELGEMÜSE *
Gratin de racines d'hiver

Lyonnais

Die Wurzelgemüse haben viele Vorteile: Sie sind billige Vitaminspender im Winter. Aber sie haben einen Nachteil: Sie schmecken oft sehr streng. Bei diesem Rezept werden sie in Milch gekocht, mit Kartoffeln vermischt und dadurch mild und delikat.

1 ¼ l Milch
Salz, Pfeffer aus der Mühle
600 g Wurzelgemüse
  (Mohrrüben, Sellerie,
  Kohlrabi, weiße Rüben)

600 g Kartoffeln
2 Knoblauchzehen
Muskatnuß, frisch gerieben
375 ml Crème fraîche
150 g geriebener Gruyère

Die Milch auf zwei Töpfe verteilen, salzen und pfeffern.

Die Wurzelgemüse schälen, in Scheiben schneiden und in den einen Milchtopf geben. Zum Kochen bringen, 15–20 Min. köcheln lassen. Die Kartoffeln schälen, in Scheiben schneiden und in den anderen Milchtopf geben, zum Kochen bringen und ebenfalls 15–20 Min. köcheln lassen. Sind Gemüse und Kartoffeln gar, beides abgießen, die Milch auffangen. 0,4 l davon zur Seite stellen für das Gratin.

Die Gratinform gut mit der einen Knoblauchzehe ausreiben und ausbuttern. Die andere zerreiben und unter das Gemüse mischen. Die Hälfte des Gemüses und der Kartoffeln einfüllen, pfeffern und salzen. Den Rest Gemüse und Kartoffeln hineingeben. Die abgenommene Milch mit der Crème fraîche verrühren, Muskatnuß hineinreiben, alles über Gemüse und Kartoffeln in die Form gießen. Mit geriebenem Käse bestreuen und im vorgeheizten Backofen bei 175 °C (Gas Stufe 2) ca. 30 Min. überbacken, bis die Oberfläche schön gebräunt ist.

Les légumes

AUBERGINENGULASCH ✱
La daube d'aubergines

Provence

»Daube« verbinden die meisten Reisenden mit einem provenzalischen Rinderschmorgericht. Aber das Wort daube bezeichnet nur das Schmoren an sich. Am besten gelingt es in einer daubière, die sich Provence-Liebhaber von dort mitbringen.

Olivenöl
150 g magerer Speck
2 Zwiebeln
4 Tomaten
6 Auberginen
2 Zweige Thymian
1 Lorbeerblatt
getrocknete Orangenschale

1 Stange Bleichsellerie
2 Knoblauchzehen
3 Karotten
1 Flasche trockener Weißwein
Salz, Pfeffer
Petersilie

In der daubière oder einem anderen Schmortopf Olivenöl erhitzen, den in Stücke geschnittenen Speck darin anbraten, ebenso die gehackten Zwiebeln, die enthäuteten und kleingeschnittenen Tomaten und die ungeschälten gewürfelten Auberginen. Die beiden Thymianzweige, das Lorbeerblatt, die Orangenschale, die Selleriestange, die beiden kleingehackten Knoblauchzehen und die kleingeschnittenen Karotten zugeben. Mit dem Weißwein auffüllen, pfeffern, salzen und auf großer Flamme zum Kochen bringen. Auf kleiner Flamme dann zugedeckt garkochen. Vor dem Servieren mit kleingehackter Petersilie bestreuen.

Kohlrouladen *

Feuilles de chou farcies

Charente

Mit Hackfleisch gefüllte Kohlrouladen, wie in Deutschland üblich, gibt es auch in Frankreich. Älter, billiger und delikater ist die Variante, die in der Charente noch üblich ist: Dort werden die Kohlblätter vegetarisch gefüllt.

1 kg Wirsingkohl von ca. 1,5 kg
200 g Räucherspeck
80 g frische Brotkrumen
2 Eier
60 g Butter
1 Möhre, fein gehackt
1 Zwiebel, fein gehackt
1 Stange Bleichsellerie mit den Blättern, alles in sehr dünne Streifen geschnitten
1 TL frischer abgerebelter Thymian
1 TL Majoranblättchen
150 ml trockener Weißwein
Salz, Pfeffer aus der Mühle
4 Wacholderbeeren, zerquetscht

Den Backofen auf 200° C (Gas Stufe 3) vorheizen.

Die Außenblätter des Kohls entfernen. 12 große, hellgrüne und 12 kleine, gelbliche Blätter ablösen und 5 Min. in kochendem Salzwasser blanchieren. Abtropfen lassen und trockentupfen.

Die Schwarte vom Räucherspeck entfernen, den Speck sehr fein hacken. Die Brotkrumen in eine Schüssel bröseln, mit den beiden Eiern zu einem gleichmäßigen Brei vermischen. Den feingehackten Speck dazugeben.

Das verbliebene Herz des Kohls in dünne Streifen schneiden. In einer großen Pfanne die Butter zerlassen, die gehackte Möhre und Zwiebel darin 5 Min. andünsten, die Sellerie- und Kohlstreifen dazugeben, mit 100 ml Weißwein aufgießen und 10 Min. weitergaren. Dann Thymian und Majoran darüberstreuen und vermischen. Die Gemüse aus der Pfanne in die Schüssel mit der Brot-Speckmischung umfüllen, salzen, pfeffern und die Wacholderbeeren unterrühren. Die kleinen gelblichen Kohlblätter mit dieser Masse füllen, dann außen um sie herum die großen Kohlblätter aufrollen.

Die Kohlrouladen in eine ausgebutterte feuerfeste Form setzen, Butterflöckchen darauf verteilen, den restlichen Wein und 60 ml Wasser darübergießen. Die Form mit einem Deckel oder gebutterter Alufolie abdecken und 20 Min. im vorgeheizten Ofen garen. Dann die Rouladen wenden und nochmals 20 Min. garen.

Gemüsegerichte

KARTOFFELPÜREE MIT KÄSE   *
Aligot

Auvergne und Languedoc

Nicht zu verwechseln mit Alicot aus dem Périgord! Gemeinsam haben beide Gerichte nur, daß sie billig sind, traditionell und genial. Wer die Zubereitung von Aligot einmal geübt hat, kann dieses Gericht auf einem Beistelltisch vor den Augen der Gäste zubereiten.

1 kg mehligkochende Kartoffeln
70 g Butter
2 Knoblauchzehen
1 EL ausgelassener Speck, in Würfeln
250 g Sahne
400 g Laguiole-Käse (s. Glossar), gerieben oder in sehr kleine Stücke geschnitten
Pfeffer aus der Mühle
Salz

Die geschälten Kartoffeln dritteln und in Salzwasser weichkochen, abgießen und durch ein Sieb passieren oder mit dem Kartoffelstampfer zerdrücken. In einen schweren Topf füllen, die Butter zugeben und den mit etwas Salz zerriebenen Knoblauch sowie den ausgelassenen Speck.

Wer jetzt bei Tisch weiterkochen will, stellt den Topf auf ein genügend großes Rechaud, andernfalls macht man auf kleiner Flamme in der Küche weiter.

Die Butter und das Püree 3 Min. mit dem Holzlöffel aufschlagen, bis es ganz locker ist, dann bei schwacher Hitze schluckweise die Sahne unterschlagen. Portionsweise den Käse zufügen und dabei den Brei ständig sehr energisch mit dem Löffel durchschlagen. Beim Rühren immer wieder das Püree mit dem Löffel nach oben ziehen. Wenn es wie ein Band vom Löffel fällt, pfeffern, salzen und sofort servieren mit einem kräftigen knusprigen Landbrot und Salat.

Les légumes

KARTOFFEL-ZWIEBEL-BREI *
»SOUBISE«
Purée Soubise

Offenbar liebte ein gewisser Marschall Soubise, ein französischer Militär, mit dem sich auch Friedrich der Große herumschlug, zwar Zwiebeln, hatte aber wenig Lust, auf sie draufzubeißen: Alle nach ihm benannten Gerichte enthalten zwar Zwiebeln, aber verarbeitet zu einem milden Püree.

500 g mehligkochende Kartoffeln
500 g Zwiebeln
¼ l Milch, bei Bedarf etwas mehr
2 EL Butter
2 Eigelb
Salz
Pfeffer aus der Mühle

Die geschälten Kartoffeln würfeln, die geschälten Zwiebeln in kleine Stücke schneiden und beides in Salzwasser kochen, bis die Kartoffeln sehr weich sind. Wasser abgießen, alles mit dem Kartoffelstampfer pürieren, Butter und Milch zugeben, mit dem Schneebesen aufschlagen, zum Schluß die beiden Eigelb unterziehen und mit Salz und Pfeffer abschmecken.

FISCHGERICHTE

FRISCHER KABELJAU AUS DEM OFEN
Cabillaud boulangère

*

Bretagne

In Frankreich ist der Kabeljau bis in die 50er Jahre hinein immer ein Synonym gewesen für den Freitag und für die Fastenzeit. An der Atlantikküste wurde er gerne so herzhaft genossen wie in diesem köstlichen Rezept nach Art der Bäcker. Damit er saftig bleibt, muß das verwendete Stück möglichst dick sein.

1 Stück Kabeljau an der Gräte von ca. 1,3 kg, 10 cm dick und 20 cm lang aus dem Mittelstück eines ungefähr dreimal so schweren Fisches geschnitten
2 Fenchelknollen
4 Fenchelstengel
200 g sehr dünn geschnittene Scheiben Räucherspeck
60 g Butter
1 kg festkochende Kartoffeln in dünnen Scheiben
Salz und Pfeffer aus der Mühle

Den Kabeljau waschen und trockentupfen, auf der Bauchseite die Fenchelstangen hineinstecken. Den Fisch mit Räucherspeck umwickeln und mit Küchengarn zusammenbinden.

Den Backofen auf 240° C (Gas Stufe 5) vorheizen. Die Fenchelknollen putzen und raspeln. Die Butter in einer großen feuerfesten Form auf dem Herd zerlassen, die Kartoffelscheiben hineingeben und darin wenden. Den geraspelten Fenchel zu den Kartoffeln geben und gut vermischen. Mit Salz und Pfeffer abschmecken. Die Oberfläche in der Form glattstreichen, den Kabeljau mit der Bauchseite nach oben darauf legen und 30 Min. im Backofen garen. Dann wenden und nochmals 30 Min. braten.

Die Schnur entfernen, den Kabeljau auf das Gemüsebett zurücklegen und sehr heiß in der Form servieren.

Les poissons

STOCKFISCHGERICHT AUF PROVENZALISCHE ART
Morue sèche provençale

**

Wie in Italien und Spanien wird der unansehnliche Stockfisch auch in Frankreich als Leckerbissen geschätzt. Der etwas penetrante Geruch, den er während des Wässerns verströmt, steigert nur die Lust auf den delikat-nussigen Geschmack des fertigen Fischgerichts.

400 g Stockfisch
400 g Tomaten, enthäutet und geviertelt
4 große rote Paprikaschoten, geputzt und in sehr feine Streifen geschnitten
250 g in Scheiben gehobelte Zwiebeln

¼ Tasse Mehl
2 Tassen Olivenöl
1 TL abgerebelter frischer Thymian
2 Lorbeerblätter
Cayennepfeffer
Salz
1 EL fein gehackte Petersilie

Den Fisch in Stücke schneiden und mit der Hautseite nach oben 24 Std. wässern, wobei das Wasser viermal gewechselt werden muß.

Abtropfen lassen, enthäuten, entgräten und langsam in Öl goldgelb braten. Vom Feuer nehmen und in einer heißen Auflaufform warm stellen. In dem Öl, in dem der Fisch gebraten wurde, nun die Zwiebeln und den Knoblauch andünsten, dann die Tomaten zugeben und mit den Gewürzen abschmecken.

Die Tomatenmischung über den Fisch geben und noch etwa 10 Min. dünsten. Die Paprikastreifen darüberlegen, die Form in den mittelheißen Ofen schieben und 10 Min. garen.

Vor dem Servieren mit gehackter Petersilie bestreuen.

Dazu eine Baguette und einen Muscadet reichen.

Fischgerichte

STOCKFISCH- ODER KLIPPFISCHPÜREE ✶✶
Brandade

Steif wie ein Stockfisch war einer seiner größten und berühmtesten Fans mit Sicherheit nicht: Der Dichter Alphonse Daudet inszenierte in Paris die legendären »Dîners de brandade«, wo es dieses Stockfischgericht zu essen gab. Nicht bekannt ist, in welcher der zahllosen Varianten: auf Art von Toulouse, Marseille, Nizza oder Nîmes. Die Brandade aus Nîmes gilt als die wahrhaft klassische unter den Varianten. Kein Zufall schließlich, daß die Bewohner von Nîmes in der übrigen Languedoc den Spitznamen »Stockfischesser« haben. Stockfisch bezeichnet den ungesalzenen getrockneten Kabeljau. Besser allerdings schmeckt die Brandade, wenn sie aus Klippfisch, also dem gesalzenen getrockneten Kabeljau, bereitet wird.

1,2 kg Klippfischfilets
0,3 l Sahne
0,4 l Olivenöl
weißer Pfeffer aus der Mühle

1 Msp. geriebene Muskatnuß
Saft 1 Zitrone

Den Fisch vorbereiten wie im Rezept S. 150 beschrieben.

Den eingeweichten Fisch abtropfen lassen, aber noch nicht enthäuten oder filetieren. Mit der Haut nach unten in eine Kasserolle geben, mit Wasser bedecken, zum Kochen bringen, die Temperatur herunterstellen und 8 Min. köcheln lassen. Dabei immer wieder den Schaum abschöpfen. Dann den Fisch mit dem Schaumlöffel herausheben, Haut und Gräten entfernen und die Filets von Hand vorsichtig zerpflücken, so daß alle Gräten beseitigt sind.

Die Sahne in einer kleinen Kasserolle aufkochen, zur Seite stellen. In einer großen Kasserolle das Olivenöl erhitzen, den Fisch hineingeben und mit einem Holzlöffel zu einem glatten dicken Brei verrühren. Auf kleiner Flamme abwechselnd das restliche Olivenöl und die heiße Sahne in kleinen Schlucken unterrühren und zwar wie bei einer Mayonnaise: Immer erst weitere Flüssigkeit zugeben, wenn die vorher zugegebene völlig vom Fisch aufgenommen ist.

Nach ca. 15 Min. ist die Brandade fertig. Mit Pfeffer, Muskat, Zitronensaft und gegebenenfalls etwas Salz abschmecken. In einer tiefen Schale servieren – am besten mit in Butter oder Olivenöl gerösteten Brotwürfeln.

An die provenzalische Version der Brandade kommt zusätzlich Knoblauch und gehackte Petersilie.

ÜBERBACKENER STOCKFISCH AUF SPINAT ✶✶

Gratin de morue aux épinards

Provence

1 kg Stockfisch
1 Knoblauchzehe
Olivenöl
1 kg Blattspinat
2 Zwiebeln

1 ½ Tassen Milch
1 EL Mehl
Salz, Pfeffer
Semmelbrösel

Den Stockfisch wie im Rezept S. 150 beschrieben zubereiten, nach dem Garen Haut und Gräten entfernen, vorsichtig zerpflücken. Die geschälte Knoblauchzehe im Mörser mit Salz zerreiben, in Olivenöl anschmoren, die Stockfischstücke zugeben und schwenken. Zur Seite stellen. Den Spinat putzen, waschen, in leicht gesalzenem Wasser aufkochen, abgießen, abtropfen lassen und fein hacken. Die geschälten, feingehackten Zwiebeln im Olivenöl glasig dünsten, den Spinat zugeben und unter Rühren auf kleiner Flamme erhitzen. Währenddessen die Milch heiß machen. Nach einigen Minuten das Mehl über den Spinat stäuben, mit der heißen Milch ablöschen und gut verrühren. ¼ Std. köcheln lassen. Salzen und pfeffern. In eine Gratinschüssel die Hälfte des Spinats geben, die Stockfischstückchen darauf verteilen. Mit dem restlichen Spinat bedecken. Semmelbrösel darüberstreuen, mit einigen Tropfen Olivenöl beträufeln oder ein paar Butterflöckchen darauf streuen und im Backofen bei 220°C (Gas Stufe 4) überbacken.

Les poissons

JUNGE MAKRELEN ＊
AUF BRETONISCHE ART
Cotriade de maquereaux

Der beste Beweis dafür, daß die Makrele von jeher auch bei den feinsten Schmeckern in Frankreich beliebt war, lieferte Louis François Armand de Vignerot du Plessis, Duc de Richelieu, ein Neffe des berühmten Kardinals Richelieu. Er war ein Weinkenner und förderte in Bordeaux, wo er eine Zeit lang Gouverneur war, mit Energie den Weinanbau. Trotzdem liebte er die einfachen Genüsse. Besonders eben die Makrelen.

8 Makrelen (ca. 1 kg)
250 g Champignons oder Egerlinge
1 Schalotte
3 Stangen Lauch
4 EL Butter
4 EL Sonnenblumenöl
1 Bund Petersilie
2 Stengel Fenchelgrün oder Dill

Salz, weißer Pfeffer
2 große Zwiebeln
1 TL Mehl
0,6 l Wasser
0,4 l trockener Weißwein
3 Knoblauchzehen
1 Lorbeerblatt
¼ TL Currypulver
Saft von 1 Zitrone
4 Scheiben Weißbrot

Die Fische, wenn nötig, ausnehmen, die Köpfe wegschneiden und filetieren. Auch die Köpfe aufbewahren.

Die Pilze putzen und je nach Größe ganz lassen oder halbieren. Die geschälte Schalotte fein hacken, eine Lauchstange fein schneiden und waschen. In einer feuerfesten Ton- oder Porzellanform 2 EL Butter und 1 EL Öl zusammen erhitzen, Pilze, Schalotten und Lauch zugeben und garen, ohne daß das Gemüse Farbe annimmt. Petersilien- und Dillstengel beigeben, salzen, pfeffern und nun bei großer Hitze 5 Min. schmoren, dann den Deckel auf die Form legen und bei geringerer Hitze 10–12 Min. köcheln lassen.

Die Zwiebeln schälen und grob hacken, die beiden restlichen Lauchstangen in dickere Scheiben schneiden und waschen, in einem anderen Schmortopf beides in erhitztem Öl anbraten, das Mehl anstäuben und alles gut vermengen.

Das Pilzgemisch aus der Tonform dazugeben, Wasser und Wein langsam angießen. Die Makrelenköpfe darauflegen, mit Salz und Pfeffer nachwürzen, auf kleiner Flamme 15 Min. köcheln lassen. Dann die Fischköpfe entfernen und wegwerfen.

Die Makrelenfilets im Ganzen in den Gemüsesud legen, den geschälten und zerriebenen Knoblauch beigeben, ebenso das Lorbeerblatt und einen weiteren Stengel Petersilie und Dill. Das Currypulver anstäuben und untermischen, Zitronensaft darüberträufeln, das Gericht 15 Min. offen köcheln lassen und dabei die Flüssigkeit um ein Drittel reduzieren. Währenddessen die Brotscheiben im Backofen anrösten. Kräuterstengel und Lorbeerblatt aus dem Gericht entfernen. Das Gemüse in eine flache, vorgewärmte Schale legen, den Rest der Petersilie waschen und feingehackt darüberstreuen und die Makrelenfilets getrennt davon servieren.

Les poissons

JUNGE MAKRELEN MIT KRÄUTERN *
Lisettes aux aromates

Normandie

Lisette (zu deutsch: Lieschen) nennen die Franzosen ganz winzige Makrelen. Vor der Zeit der Kühlschränke wurden sie in Weißwein und Essig gelegt und so für ein paar Tage haltbar gemacht. In Südfrankreich hat man diese wohlschmeckende Kombination nicht vergessen: Als Escabèche werden sie dort in vielen bodenständigen Lokalen angeboten.

Bei Escabèche handelt es sich nicht um eine bestimmte Fischart: Klein und billig sollen die Fischlein sein. Den Namen hat das Gericht von der Art, wie die Fischlein in die Form gebettet werden. Kopf an Schwanz gelegt, nennt sich das Ganze logischerweise Tête-à-bèche, ist der Kopf abgeschnitten (da steckt das lateinische caput für Kopf drin), nennt sich das Gericht Escabèche.

Die Normandie jedoch hat das einfache Traditionsgericht zur Landesspezialität erkoren. Mit dem normannischen Cidre-Essig wird das Gericht besonders gut. Wer ihn nicht bekommt, kann ihn durch einen guten Apfelessig ersetzen. Ein herrlich erfrischendes Sommermahl.

8 kleine küchenfertige Makrelen ohne Köpfe
60–80 g grobes Meersalz (kein Haushaltssalz!)
7 Lorbeerblätter
7 Gewürznelken
7 Thymianzweige
1 TL Koriandersamen
1 TL frisch gemahlener Pfeffer
300 ml Cidre-Essig
100 ml Weißwein
½ Zitrone in dünnen Scheiben
12 geschälte Schalotten

Die gewaschenen und trockengetupften Makrelen auf eine Platte legen, mit dem groben Meersalz bestreuen und 4 Std. im Kühlen ziehen lassen.

Den Backofen auf 180° C (Gas Stufe 2) vorheizen. Von den Makrelen das Salz abwaschen, die Fische trockentupfen. Dann

»Kopf« an Schwanz in eine mit Olivenöl ausgepinselte Terrine legen, Lorbeerblätter, Nelken und Thymianzweige immer dazwischenlegen, ebenso die Koriandersamen. Pfeffern und mit Essig und Weißwein bedecken, dann die Zitronenscheiben und Schalotten darauflegen. Die Terrine mit einem Stück Aluminiumfolie oder ihrem Deckel zudecken und ins Wasserbad setzen.

Dann das Ganze für mindestens ½ Std. in den vorgeheizten Ofen stellen, entnehmen, im Sud abkühlen lassen und es nochmals mindestens 1 Std. in den Kühlschrank stellen. Auf einer Platte anrichten, mit den Zitronenscheiben und Schalotten dekorieren und nach Bedarf mit Sud beschöpfen. Dazu eine Baguette reichen.

Les poissons

Makrelen mit Stachelbeeren   *
Maquereaux aux groseilles à maquereau

Manche traditionelle Gerichte in Frankreich wirken so, als habe sie ein allzu ambitionierter Spitzenkoch unserer Tage erfunden, um einen Gag zu landen. Doch die ungewöhnlichen Kombinationen überzeugen die Zunge sofort. Zu diesen eigenwilligen Klassikern der armen Küche gehören die Makrelen mit Stachelbeeren. Etymologen meinen, die Stachelbeeren hätten sogar ihren Namen von diesem Gericht: sie heißen nämlich groseilles à maquereau. Kann aber auch sein, daß der Name daher kommt, daß die Stachelbeeren Streifen haben auf der Haut; maquereau heißt auch Streifen. Das klassische Rezept stammt zwar aus dem Mittelalter, berühmt gemacht aber hat es ein adliger Hobbykoch des Barock namens François-Pierre de La Varenne in seiner Rezeptesammlung ›Le Cuisinier François‹.

4 Makrelen
1 Fenchelknolle, geputzt und in feine Scheiben geschnitten
2 EL Olivenöl
60 g Butter
2 EL sehr guter Weinessig
1 TL Zucker
250 g geputzte Stachelbeeren
Blätter von 2 Estragonstengeln

Die gewaschenen und trockengetupften Makrelen mit den Fenchelscheiben in heißem Olivenöl auf mittlerer Flamme von beiden Seiten schön anbraten. Dann die Makrelen filetieren und warmstellen. In die gereinigte Pfanne die Butter geben, Zucker und einen Schuß Essig zugeben; wenn die Mischung kocht, die Stachelbeeren zufügen und 2 Min. unter Rühren köcheln lassen. Den Estragon untermischen. Die Makrelenfilets auf Teller verteilen und mit den Beeren bedecken. Sofort servieren. Dazu: Baguette und ein Muscadet.

Wem das Filetieren zu mühsam ist, der kann die Makrelen auch filetiert kaufen. Der Bratvorgang ist dann natürlich kürzer.

Fischgerichte

FISCHAUFLAUF ✱✱
Soufflé au poisson

Das »Aufgeblasene«, was Soufflé wörtlich bedeutet, gilt außerhalb Frankreichs als hohe Kochkunst, in der einfachen französischen Küche aber als bewährte Methode, aus geringen Mitteln ein leichtes Gericht zu zaubern, das etwas hermacht.

50 g Butter
150 g Mehl
½ l Milch
1 l Court bouillon
  (s. Glossar)

250 g einfache Fischfilets
  (z.B. Kabeljau)
4 Eier, getrennt
Salz, Pfeffer
Muskatnuß

Aus Butter, Mehl und Milch eine sehr dicke Béchamelsauce (s. S. 196) bereiten. Die Court bouillon zum Kochen bringen, den Fisch darin garen, entnehmen. Die Béchamelsauce vom Herd nehmen, die Eigelb, Salz, Pfeffer und geriebene Muskatnuß einrühren. Die Eiweiß zu sehr steifem Schnee schlagen. Den Fisch mit der Gabel in kleine Stücke reißen. In die Béchamelsauce geben, den Eischnee unterheben, in eine ausgebutterte Auflaufform füllen und im vorgeheizten Ofen bei ca. 200° C (Gas Stufe 3) backen, bis das Soufflé goldbraun ist. Sofort servieren – sonst fällt es zusammen.

FRAGEBOGEN

Pierre-Dominique Ponnelle
Dirigent
Jahrgang 1957
Geboren in München

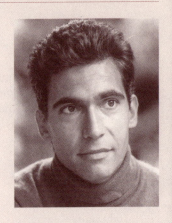

Wenn Sie zwei Wochen lang jeden Tag das gleiche essen müßten, wofür würden Sie sich entscheiden?
Für Salade niçoise.

Auf welchen kulinarischen Luxus können Sie mühelos verzichten?
Auf Kaviar.

Was war Ihre Leibspeise in der Kindheit?
Mousse au chocolat.

Was sind für Sie die drei Grundbestandteile der französischen Küche?
Butter, Crème fraîche, Käse.

Hätten Sie nur eine ganz schmale Rente: Wovon würden Sie sich vor allem ernähren?
Von Rotwein, Olivenöl und Brot.

Sinnlose Verschwendung: Woran denken Sie da im Bereich Essen und Trinken?
An Dekorationen.

Welches ist für Sie das beste klassische Gericht Ihrer Heimat?
Gigot d'agneau (Lammkeule).

Was ist der schlimmste gastronomische Brauch des 20. Jahrhunderts?
Fast food.

Bei welchem Essensduft werden Sie schwach?
Bei jedem guten.

Sie bereiten ein Liebesmenü für zwei, das sich auch ein Student oder Lehrling leisten könnte. Was gibt es zu essen, was gibt es zu trinken?
Frischen Salat, Spaghetti, Eis und einfachen Rotwein.

Welches französische Gericht ist zu Unrecht vergessen?
Œufs en meurette.

Wenn Sie in Frankreich authentisch, einfach, gut und preiswert essen wollen. Wo gehen Sie hin?
Au fin fond de la France (Ins tiefste Frankreich).

Les poissons

Sardinen in Weinblättern mit Petersilie und Knoblauch

Sardines aux feuilles de vigne au persillade

Provence

Kräuter sind das offene Geheimnis der provenzalischen Küche. Und zwar auch dann, wenn sie gar nicht mitgegessen, nicht einmal mitgekocht werden.

Der beste Beleg: diese Sardinen, die auf dem Rost gegrillt werden müssen. Über einem Feuer, das mit Rosmarinzweigen belegt wird.

1 kg frische Sardinen
30–40 Weinblätter (je nach Größe)
Salz

Für die Persillade:
4 Knoblauchzehen
2 Bund Petersilie
Saft und Schale 1 Zitrone
2 EL Olivenöl

Die gewaschenen und gut getrockneten Sardinen salzen und kaltstellen.

Die Persillade zubereiten: Den geschälten Knoblauch und die Petersilie fein hacken. Feingeriebene Zitronenschale zugeben, alles mit dem Olivenöl und dem Zitronensaft tränken. Diese Mischung in eine Schüssel geben.

Um jede Sardine ein bis zwei Weinblätter wickeln und sie dann sofort auf den Grillrost legen. Ca. 8 Min. garen, einmal wenden.

Die Sardinen vom Grill nehmen, die Weinblätter entfernen, wobei sich die Fischhaut mit ablöst. Persillade darüber geben und mit Baguette und einem provenzalischen Weißwein servieren.

Fischgerichte

SEEHECHT MIT ESTRAGON *

Merlu à l'estragon

Bretagne

Der Seehecht gehört auch bei uns zu den billigsten Fischen. Und zu den wandlungsfähigsten: Mit dem erfrischenden Sommerkraut Estragon bekommt er ein feines Anisaroma.

4 Stücke vom Seehecht (etwa 2,5 cm dick)
40 g Butter
Salz und weißer Pfeffer
4 Zweige Estragon
zusätzlich 1 TL gehackter Estragon
150 ml Milch
Schale von ½ Zitrone
5 EL Sahne

Die Hälfte der Butter in einer feuerfesten Form verteilen, in der die Fischstücke nebeneinander Platz haben, den Fisch hineinlegen, salzen und pfeffern.

Auf jedes Stück einen Estragonzweig legen, die Milch zugießen, die restliche Butter in Flocken auf dem Fisch verteilen und alles mit gebuttertem Pergament- oder Backpapier abdecken. Im vorgeheizten Ofen bei 180° C (Gas Stufe 2) backen, bis der Fisch weißlich wird und sich das Fleisch von den Gräten zu lösen beginnt. Den Sud aus der Form herausgießen in einen kleinen Topf, die Fischstücke, zugedeckt mit dem Papier, warmhalten.

Den gehackten Estragon und die Zitronenschale in den Sud geben, 2 Min. köcheln lassen, die Sahne einrühren und bei Bedarf nachwürzen. Über die Fischstücke gießen und mit einer Baguette servieren.

KUTTELN NACH ART VON CAEN **

Tripes à la mode de Caen

Normandie

Ein Restaurant in der Normandie, das diese Kutteln nicht auf der Karte hat, hat keine Tradition. Oder keine Köche mit Geduld. Die Kutteln werden nämlich, wenn man es ganz authentisch treibt, dreimal gekocht, jedesmal mindestens sechs Stunden. Unter sechs ist auch in vereinfachten Varianten nichts zu wollen, weswegen in Frankreich jeder gute Metzger vorgekochte Kutteln anbietet. Wichtig ist es, die Kutteln à la Caen im richtigen Gefäß zu kochen. Die Kenner in der Normandie haben dafür einen speziellen Topf, der oben nur eine kleine Öffnung hat. Geeignet ist aber auch ein Tontopf, den man hermetisch mit Alufolie verschließt, oder ein Steinguttopf, ungeeignet sind Silber-, Chromargan- und Aluminiumtöpfe, denn die Hitze soll so gut wie möglich erhalten bleiben.

Es lohnt sich, wenn die Kutteln à la Caen hausgemacht werden, eine größere Portion zu kochen. Daher ist das folgende Rezept für 8 Personen gedacht.

4 kg Kutteln
1 Ochsenfuß (kein Kalbsfuß, da wird der Fond leicht gallertig), den man sich beim Metzger bereits 2mal längs und dann jede Hälfte nochmals in 2 Stücke spalten läßt
200 g geräucherte Schweineschwarte
4 Zwiebeln
1 Büschel frischer Thymian
6 Lorbeerblätter
3 EL Wacholderbeeren
500 g Rinderfett
¾ l trockener Weißwein
¾ l kräftige Fleischbrühe
300 g Karotten
500 g Lauch
2 Zwiebeln mit je 4 Nelken gespickt
Pfeffer, Salz
6 EL Calvados
Saft 1 Zitrone

Die Kutteln unter fließendem Wasser abspülen und von allen Talgresten befreien. In reichlich Salzwasser zum Kochen bringen und 2 Std. kochen. Das Wasser wechseln, die Prozedur

3mal wiederholen. Oder gleich vorgekochte Kutteln kaufen und vor der Zubereitung zweimal blanchieren.

In rechteckige, 5 cm breite Stücke schneiden.

Den Ochsenfuß und die Schweineschwarte in kochendem Wasser 8–10 Min. blanchieren. Schweineschwarte hacken, die 4 Zwiebeln hobeln.

Dann die Ochsenfußstücke auf den Boden einer Kasserolle legen, die Kutteln daraufschichten, wobei man zwischen die Schichten immer gehackte Schweineschwarte, gehobelte Zwiebeln, die Thymianzweige, Lorbeerblätter und Wacholderbeeren gibt.

Das gewässerte Rinderfett in Streifen schneiden und auf die oberste Lage Kutteln legen. Die Kasserolle mit Wein und Brühe auffüllen, bis die Kutteln bedeckt sind. Mit zurechtgeschnittener Aluminiumfolie (matte Seite nach oben) bedecken, gut abdichten und den Topf mit einem Deckel verschließen. (Früher wurde das Ganze mit einem dicken Mehl-

Wasser-Teig abgedichtet, der 1 Std. hart werden mußte; dann kam der Deckel drauf). Die Abdichtung aus Fett und Folie oder Fett und Teig verhindert, daß die Flüssigkeit zu schnell verdunstet. Bei geringer Hitze etwa 2½ Std. sieden lassen. Währenddessen Karotten und Lauch grob schneiden. Dann (wenn Teig obenauf lag, vorher den Teig entfernen) die Karotten, den Lauch und die mit Nelken besteckten Zwiebeln zugeben, eventuell Wein und Brühe nachgießen und alles nochmals 1½ Std. kochen. Salzen, pfeffern und den Calvados zugeben. Nach 1 weiteren Std. Kochzeit die Kuttelstücke mit dem Schaumlöffel herausheben, in eine Terrine geben, warm halten. Den Fond entfetten, indem man ihn zuerst abschöpft und dann mit Küchenkrepp über die Oberfläche streicht, dann nochmals aufkochen lassen, mit Salz und Zitronensaft abschmecken und sehr heiß über die Kutteln gießen.

Dazu eine Baguette und Cidre aus der Normandie.

Fleisch und Geflügel

GEPÖKELTER SCHWEINEBAUCH **
MIT LINSEN
Petit salé aux lentilles

Die »Vertes de Puy«, die grünen Linsen von Puy haben mit Champagner, Cognac oder Roquefort-Käse einiges gemein: Sie gelten in Frankreich als Delikatesse und sind durch die Ursprungsbezeichnung geschützt. Diese Linsen werden auf der vulkanischen Erde von Velay, in dem Teil der Auvergne, der zum Haute-Loire gehört, und natürlich im Puy-de-Dôme angebaut.

In Deutschland führen Feinkostläden diese Linsen. Ersatzweise eine sehr feine deutsche Qualität verwenden, aber in keinem Fall nach deutscher Unsitte bereits am Vorabend wässern. Dabei setzt nämlich ein Gärprozeß ein, der weder bekömmlich noch wohlschmeckend ist. Durch das Blanchieren hingegen verlieren die Linsen ihren bitteren Geschmack.

*900 g frisch gepökelter
  Schweinebauch
3 Zwiebeln
4 Gewürznelken
2 Mohrrüben
2 Kräutersträußchen aus
  je 2 Thymianzweigen,
  1 Lorbeerblatt und
  2 Petersilienstengeln
Pfefferkörner*

*250 g kleine grüne Linsen
2 Knoblauchzehen
100 g geräucherter Speck
  ohne Schwarte
40 g fetter Speck
2–3 EL gehackte Petersilie
80 g Butter
Salz
Pfeffer aus der Mühle*

Den gepökelten Schweinebauch etwa 8 Std. in kaltes Wasser legen, um überschüssiges Salz zu entfernen. Dabei das Wasser dreimal wechseln.

Zwei der geschälten Zwiebeln mit Gewürznelken spicken, die dritte fein hacken.

Die Mohrrüben schaben, waschen und der Länge nach halbieren.

Les viandes et les volailles

Den Schweinebauch aus dem Wasser nehmen, abtropfen lassen, in einen Topf geben, mit kaltem Wasser bedecken und zum Kochen bringen. Den aufsteigenden Schaum immer wieder abschöpfen. Dann eine der mit Nelken gespickten Zwiebeln, 1 Kräutersträußchen, 1 zerteilte Mohrrübe und die Pfefferkörner hinzugeben und 2 Std. köcheln lassen, den aufsteigenden Schaum weiterhin abschöpfen.

Die Linsen in einen anderen Topf geben, mit kaltem Wasser bedecken, kurz aufkochen, durch ein Sieb gießen, abtropfen lassen, in den Topf zurückgeben. Wieder mit kaltem Wasser bedecken und salzen. Bei starker Hitze zum Kochen bringen, die Hitze reduzieren, abschäumen. Die andere gespickte Zwiebel, eine ganze Knoblauchzehe, eine zerteilte Mohrrübe und das andere Kräutersträußchen in den Topf geben. Die Linsen zugedeckt ca. 40 Min. auf kleiner Flamme garen.

Den geräucherten und den fetten Speck in kleine Würfel schneiden.

Den fetten Speck in einem Bratentopf zerlassen, die gehackte Zwiebel und etwas Salz zugeben, glasig dünsten, die geräucherten Speckwürfel zugeben und unterrühren, 10 Min. braten, so daß sie Farbe annehmen.

Die Linsen, die noch etwas Biß haben sollen, in ein Sieb gießen, Kräutersträußchen, Zwiebel, Knoblauchzehe und Mohrrübe entfernen und die Linsen zu der Speck-Zwiebel-Mischung geben. 0,2 l von der Fleischkochbrühe und 1 gehackte Knoblauchzehe unterrühren. Ein paar Minuten köcheln lassen, Butter und die gehackte Petersilie unterrühren, abschmecken, pfeffern und warm halten.

Den gepökelten Schweinebauch mit einem Schaumlöffel aus der Kochbrühe nehmen und aufschneiden. Auf einer vorgewärmten Platte die Linsen, darauf den Schweinebauch anrichten. Sehr heiß servieren.

Fleisch und Geflügel

GEFÜLLTER KOHL ✳
Chou farci

Auvergne

Die Füllung ist kein Kunstwerk, sondern eine bewährte Resteverwertung. Genausogut wie Hühnerbrust sind Bratenreste jeder Art geeignet.

1 großer Kohlkopf
250 g fetter Speck in Würfeln
0,1 l Milch
200 g entrindetes Weißbrot
400 g Hühnerbrust
1 Zwiebel
1 Knoblauchzehe
50 g glatte Petersilie
3 Eier
1 TL quatre épices (eine Gewürzmischung, die man auch selbst herstellen kann, aus gemahlenem Pfeffer, gemahlener Muskatnuß, gemahlener Gewürznelke und Zimt)
Salz, Pfeffer
1 Scheibe Speck, ½ cm dick
¼ l Geflügelbrühe (wenn Fleisch verwendet wird, Fleischbrühe)

Die harten äußeren Kohlblätter entfernen. Den Kohl in einzelne Blätter zerteilen und den Strunk entfernen. Die Kohlblätter gründlich in Essigwasser waschen und 8 Min. in kochendem Wasser blanchieren. Danach möglichst in Eiswasser tauchen und abtropfen lassen. Zwischen zwei große Teller schichten und das restliche Wasser herauspressen.

50 g Speck auf kleiner Flamme in einem Schmortopf auslassen, abkühlen lassen. Das Brot in der Milch einweichen. Den Backofen auf 180–200° C (Gas Stufe 3) vorheizen.

Die ausgelösten Hühnerbrüste, den restlichen fetten Speck, die geschälte Zwiebel, den geschälten Knoblauch, die kleingehackte Petersilie und das eingeweichte Weißbrot durch den Fleischwolf drehen oder in der Küchenmaschine zerkleinern.

Les viandes et les volailles

Mit den quatre épices, Salz und Pfeffer würzen und mit den Eiern zu einem gleichmäßigen Teig verarbeiten, dabei den ausgelassenen Speck einarbeiten.

Den Topf mit Kohlblättern auskleiden, die Farce einfüllen, die überlappenden Kohlblätter darüberschlagen und mit dem Speckstreifen belegen. Das Ganze mit der Brühe übergießen, den Deckel auf den Topf setzen und im Backofen etwa 1½ Std. garen. Den Speckstreifen entfernen, den Kohl wie einen Kuchen in Stücke schneiden und sehr heiß servieren.

Fleisch und Geflügel

Rinderzunge mit Gürkchen **
Langue de bœuf aux cornichons

Périgord
Für 6–8 Personen

1 gepökelte Rinderzunge
1 Zwiebel, gespickt mit
*   6 Nelken*
6–8 Pfefferkörner
1 Bouquet garni aus 1 Lor-
*   beerblatt, und jeweils*
*   2 Zweigen Estragon,*
*   Thymian und Petersilie*
1 Stange Bleichsellerie,
*   kleingeschnitten*
1 Karotte in Scheibchen

Für die Sauce:
4 feingehackte Schalotten
2 EL Gänseschmalz oder
*   Butter*
1 EL Mehl
300 ml Kochbrühe von der
*   Zunge*

2 EL feingeschnittener
*   Schnittlauch*
2 EL feingewiegte Petersilie
3 EL Dijon-Senf
2 in dünne Scheibchen
*   geschnittene Cornichons*
1 EL Kräuteressig, am
*   besten ein hausgemachter*
*   Estragonessig.*
*   (Dazu werden 4 Zweige*
*   Estragon in eine Flasche*
*   gesteckt, mit ½ l mildem*
*   Weißweinessig*
*   aufgegossen und dann*
*   an einem sonnigen Platz*
*   in der versiegelten*
*   Flasche 2–3 Wochen*
*   stehen gelassen.)*

Die Zunge in einen Topf legen, mit Wasser bedecken, die gespickte Zwiebel, Pfefferkörner, Bouquet garni, Sellerie und Karotten zugeben und zum Kochen bringen. Dann den Topf zudecken und auf kleinerer Flamme 3–4 Std. sieden lassen, bis man leicht in die Zunge stechen kann.

½ Std. bevor die Zunge gar ist, die Schalotten in Schmalz oder Butter anbräunen, mit Mehl bestäuben und unter Rühren 3 Min. erhitzen. Dann, wiederum unter ständigem Rühren, ganz allmählich die Kochbrühe der Zunge zugießen, Schnittlauch und Petersilie beigeben und alles zusammen auf kleiner Flamme 20 Min. ziehen lassen (nicht kochen).

Die Zunge aus dem Topf nehmen, enthäuten und von allen Knorpelstückchen befreien, aufschneiden und auf einer Platte anrichten. Warmstellen.

Jetzt den Senf, den Essig und die Cornichons in die Sauce rühren, über die Zunge gießen und sofort servieren.

Dazu paßt eine Kartoffelbeilage, auch einfaches Kartoffelpüree.

Kalbsnieren nach Art von Baugé

Rognons de veau à la Baugé

**

Anjou

4 Schalotten
120 g Butter
4 Kalbsnierchen
300 g Champignons
⅛ l Weißwein

1 EL scharfer Senf
200 g Crème fraîche
Salz und Pfeffer aus der Mühle
3 EL gehackte Petersilie

Die feingehackten Schalotten in der Hälfte der Butter glasig dünsten. Die Champignons putzen (nicht waschen).

Die gewässerten, getrockneten und geputzten Nieren von der äußeren Fettschicht befreien, das Nierenfett beiseite stellen. Jede Niere in drei Scheiben schneiden, salzen und pfeffern.

Das Nierenfett in einem schweren Topf auf großer Flamme auslassen, die Nierenscheiben ins heiße Fett geben und auf jeder Seite 2–3 Min. braten. Wenn sich auf der Oberfläche Bluttropfen zeigen, sofort entnehmen und zum Abtropfen auf einen Rost legen.

Die andere Hälfte der Butter ins Nierenfett geben, beides erhitzen, die ganzen Pilze darin braten, pfeffern, salzen, die gedünsteten Schalotten zugeben und alles 2 Min. schmoren. Auf einen Teller geben, den Bratensaft mit Weißwein ablöschen und auf die Hälfte einkochen, vom Herd nehmen, Senf und Crème fraîche unterrühren, salzen und pfeffern. Die Pilz-Schalotten-Mischung und die Nieren in die Sauce geben, schnell aber vorsichtig erhitzen – die Sauce darf keinesfalls kochen. Nach 1 Min. die Nieren wenden und nochmals 1 Min. heiß werden lassen. Auf einer vorgewärmten flachen Schüssel anrichten und mit der gehackten Petersilie bestreuen.

LAMMNIEREN IN MINZE   *

Les rognons d'agneau à la menthe

Béarn

Lammnieren, in Frankreich sehr viel üblicher als bei uns, erhält man hier in den Geschäften, die auch gutes frisches Lammfleisch führen, besonders in darauf spezialisierten türkischen Metzgereien. Sie sollten, wie andere Nieren auch, gut gewässert werden vor der Verwendung, das Wasser dabei mehrmals wechseln.

600 g Lammnieren
Olivenöl
Butter
1 TL Tresterschnaps
2 EL Weißwein
0,2 l Sahne

0,1 l Lammfleischsaft (aus einem Braten)
1 kräftiges Büschel frische Minze
Salz, Pfeffer
Saft ½ Zitrone

Die Nieren putzen, wässern und trocknen.

In einer Pfanne mit dickem Boden Öl und Butter erhitzen, die Nieren hineinlegen und garen, bis sie rosa sind. Nieren herausnehmen, warmhalten. Das Fett vom Bratensaft abziehen, den Bratensaft wieder erhitzen und mit Schnaps und Weißweiß ablöschen. Sahne und Fleischsaft unterrühren und auf kleiner Flamme etwas einkondensieren. Währenddessen die Minze fein hacken.

Die Sauce mit Salz, Pfeffer und Zitronensaft würzen. Die Minze unterziehen, nochmals ein nußgroßes Stück Butter zugeben und alles über die Nieren gießen.

Dazu passen Kartoffelgerichte, aber auch Selleriepüree oder Salat.

Fleisch und Geflügel

GEFÜLLTE SCHAFSKUTTELN   *
Les pied-paquets

Provence / Mont Ventoux

Berühmt wurde der Mont Ventoux durch Petrarca: Seine Beschreibung der Bergbesteigung ist die erste Schilderung eines Naturerlebnisses in der Literatur der Neuzeit. Eine Idylle, auf der viele Schafe weiden, ist der Mont Ventoux immer gewesen und bis heute geblieben.

750 g Schafskutteln
100 g magerer geräucherter Speck
1 Bund Petersilie
ca. 6 Knoblauchzehen
Salz, Pfeffer
4 Schafsfüße
100 g gewürfelter Speck
2 Zwiebeln
2 Karotten
1 Stange Lauch
4 große Tomaten
6 Nelken
1 Bouquet garni
½ Flasche Weißwein
etwas Fleischfond
1 Glas Cognac

Die geputzten Kutteln in Rechtecke von 6 x 8 cm schneiden, in jedes einen Streifen geräucherten Speck, einen Stengel Petersilie und ½ Knoblauchzehe geben, salzen und pfeffern und mit Küchengarn zusammenwickeln.

Die gewaschenen Schafsfüße in Salzwasser blanchieren.

Die Speckwürfel in einem Topf auslassen, die gehackten Zwiebeln, die in feine Scheiben geschnittenen Karotten, den in Ringlein geschnittenen Lauch, die überbrühten, enthäuteten Tomaten, die Nelken und das Bouquet garni zugeben und alles zusammen ½ Std. schmoren. Die Schafsfüße auf die Kutteln legen. Mit Weißwein ablöschen, mit dem Fond auffüllen, salzen, pfeffern. Mit einem wassergefüllten Suppenteller abdecken und ca. 5 Stunden köcheln lassen. Zum Schluß mit einem Glas Cognac abschmecken.

LAMMSCHULTER MIT ROSMARIN *

Agneau au romarin

Provence

In Südfrankreich, vor allem in der Provence, liebt man den unvergleichlichen Geschmack von frischem Rosmarin, gerade zu Lammgerichten. Er ist für dieses Gericht ein Muß und kann nicht durch getrockneten ersetzt werden.

1 Lammschulter (ca. 2 kg)
3 EL Olivenöl
150 ml trockener Weißwein
4 Zweige Rosmarin
2–3 Knoblauchzehen
150 ml Weißweinessig
Salz und Pfeffer aus der Mühle

Den Knochen entfernen und das Fleisch in 4 cm große Würfel schneiden, dann im erhitzten Olivenöl von allen Seiten scharf anbraten, mit dem Wein ablöschen und bei mittlerer Hitze zugedeckt 30 Min. schmoren.

Die Blätter von den Rosmarinzweigen abzupfen, mit Salz, Knoblauch und Essig (allmählich zugeben) im Mörser gut zerreiben und diese Mischung über das Lamm geben. Nochmals bei geringer Hitze 15 Min. köcheln lassen, bis der Essig ganz verdampft ist.

Mit Kartoffelgratin servieren.

Fleisch und Geflügel

Lammkoteletts aus dem Ofen **

Côtelettes d'agneau au four

Cahors

2 große Gemüsezwiebeln
5 EL Butter
300 g festkochende Kartoffeln (Salatkartoffeln)
Salz, Pfeffer
¼ l Lammfond oder Fleischbrühe
4 große oder 8 kleine Lammkoteletts
1–2 Knoblauchzehen

Die Zwiebeln schälen, in feine Scheiben schneiden und in 2 EL Butter glasig schmoren. Die geschälten Kartoffeln in dünne Scheiben hobeln. In eine ausgebutterte Auflaufform die Zwiebeln und Kartoffeln hineingeben, salzen und pfeffern, die Brühe angießen und alles im vorgeheizten Ofen bei 220° C (Gas Stufe 3) 1 Std. garen.

Währenddessen die Koteletts mit zerriebenem Knoblauch einreiben. Dann die Form aus dem Backrohr nehmen. Die Koteletts unter den Kartoffeln begraben, auf die Kartoffeln ein paar Butterflocken setzen, bei 260° C (Gas Stufe 6) backen, bis die Kartoffeln schön goldgelb sind.

Dazu paßt einer der tanninreichen roten Cahors-Weine.

LAMMHACHSE MIT SARDELLEN, KNOBLAUCH UND TOMATE **

Jarret d'agneau en gasconnade

Gascogne

Dieses bäuerliche Sonntagessen wurde von jeher in großer Runde verzehrt. Das Rezept ist daher für 10–12 Personen berechnet.

5 kg Lammhachsen
Salz, Pfeffer
3 EL Olivenöl
5 in Streifen geschnittene Zwiebeln
5 in Scheiben geschnittene Karotten
1 Stange Lauch, nur das Weiße, in Scheibchen geschnitten
1 weiße Rübe, geschält und in Scheiben geschnitten
3 EL Mehl
15 gehackte Sardellenfilets
1 EL Tomatenmark
1 Flasche körperreicher Rotwein (z.B. Cahors-Wein)
15 geschälte Knoblauchzehen
3 überbrühte, enthäutete und gehackte Tomaten
1 Bouquet garni
Wasser nach Bedarf

Den Backofen auf 160° C (Gas Stufe 1–2) vorheizen.

Die Lammhachsen pfeffern und salzen. Das Olivenöl in einem großen Schmortopf erhitzen, die Lammhachsen darin rundherum kräftig anbraten, dann entnehmen und das Fett bis auf 2 EL abgießen. Darin die Zwiebeln, Karotten, den Lauch und die weiße Rübe schmoren, bis sie weich sind. Das Mehl, die Sardellenfilets und das Tomatenmark einrühren, 2 Min. mitschmoren, den Wein angießen und alles 10 Min. köcheln lassen.

Knoblauch, Tomaten, Bouquet garni, Salz und Pfeffer zugeben, dann die Lammhachsen in den Topf zurücklegen, wenn nötig noch einen Schluck Wasser zugeben (die Hachsen müssen bedeckt sein) und 3–4 Std. zugedeckt im Backofen garen, bis das Lammfleisch butterweich ist. Dabei von Zeit zu Zeit die Gemüse umrühren und die Lammhachsen wenden. Falls es zu dick wird, Wasser zugießen. Am Ende der Garzeit das Bouquet garni entnehmen, die Sauce abschmecken und im Schmortopf servieren.

Dazu passen Kartoffeln und ein roter Cahors-Wein.

Les viandes et les volailles

FLEISCHKLÖSSSCHEN MIT MANGOLD ★★
Caillettes aux blettes

Südfrankreich

Auch wenn sie fertig gegart an kleine Wachteln (cailles) erinnern und daher ihren Namen haben könnten: Diese delikaten Klößchen heißen nach der caillette, dem Schweinenetz. In der Gegend um Valence, an der mittleren Rhône, sind caillettes ein billiges und leckeres Traditionsgericht, das dort oft auch als Vorspeise mit etwas Baguette verspeist wird. Dazu paßt ein einfacher roter Côtes-du-Rhône. Wird es als Hauptgericht gereicht, harmoniert sehr gut ein schlichtes Püree Soubise dazu.

Wer kein Schweinenetz bekommt, kann die Klößchen auch in je eine große, dünne Scheibe Räucherspeck einwickeln.

200 g Schweinenetz
500 g Schweineleber
125 g frischer Schweinespeck
600 g Mangold
nach Geschmack frischer abgerebelter Thymian
1 Schnapsglas Cognac
Salz und Pfeffer

Das Schweinenetz in lauwarmem Wasser einweichen. Leber und Speck in kleine Würfel schneiden, aber nicht hacken. Den gewaschenen und von den weißen Stielen befreiten Mangold ebenfalls nicht hacken, sondern in ganz feine Streifen schneiden (juliennes). Leber, Speck und Mangold in einer Schüssel mischen, den Cognac dazugießen, den Thymian darüberstreuen, salzen, pfeffern und nochmals mischen. Das Schweinenetz in Quadrate von 10 cm Kantenlänge schneiden, auf jedes Stück Fleisch-Mangold-Teig in der Größe eines kleineren Hühnereis legen, das Netz darüberschlagen, Kugeln formen. Diese in eine feuerfeste Form legen und im vorgeheizten Backofen bei 220° C (Gas Stufe 4) in 25–30 Min. backen.

Schweinsfüsse nach Art von Sainte-Menehould **

Pieds de porc à la Sainte-Menehould

Lorraine

Dieses Gericht kam unfreiwillig zu der zweifelhaften Ehre, eine königliche Henkersmahlzeit zu werden: Auf der legendären Flucht nach Varennes verspeiste es Ludwig XVI. mit großem Appetit. So wurde er zumindest mit gut gefülltem Magen verhaftet. Daß die Schweinsfüße trotzdem nicht nach Varennes heißen, verdanken sie Ludwigs Vorgänger: Karl VII. entdeckte sie für sich in der Ortschaft Sainte-Menehould, einer Stadt in Lothringen.

Die Schweinsfüße müssen unbedingt einen Tag vor dem Verzehr gekocht werden. Wem der Zeitaufwand zu groß erscheint, der läßt sich vielleicht von Alexandre Dumas père mitreißen, der es für eines der besten Gerichte Frankreichs hielt.

4 Schweinsfüße
500 g grobes Meersalz
1 große Zwiebel
2 Gewürznelken
2 Mohrrüben
2 kleine Zwiebeln
2–3 Knoblauchzehen
1 Bouquet garni
1 TL Korianderkörner
Salz, Pfeffer
½ Flasche Weißwein
200 g Semmelbrösel
100 g Butter

Die Schweinsfüße überbrühen, säubern, trocknen und mit dem Meersalz bedeckt in einer großen Schüssel 3–4 Std. ziehen lassen. Währenddessen die große Zwiebel schälen und mit den Nelken bestecken. Die Mohrrüben schaben, die kleinen Zwiebeln und den Knoblauch schälen.

Die Schweinsfüße aus dem Salz nehmen, gründlich unter kaltem Wasser abspülen, der Länge nach in 2 Hälften spalten, mit Küchengarn wieder zusammenbinden und dann je 2 zusammengebundene Hälften fest in ein nicht zu dickes Tuch einschlagen.

Les viandes et les volailles

Zusammen mit den Gemüsen, allen Gewürzen, dem Bouquet garni, Wein und ausreichend Wasser in einem großen Topf aufsetzen. Es muß alles mit Flüssigkeit bedeckt sein. Zum Kochen bringen und dann bei reduzierter Hitze 4 Std. köcheln lassen. Ab und zu den Schaum abschöpfen. Wenn die Schweinsfüße weich sind, herausnehmen und abkühlen lassen, aus den Tüchern wickeln und vom Küchengarn befreien. Über Nacht in den Kühlschrank stellen.

Die Semmelbrösel in einen großen tiefen Teller geben, in einen anderen die zerlassene Butter. Die Schweinsfußhälften immer zuerst in der Butter, dann in den Bröseln wenden, 1 Std. im Kühlschrank ruhen lassen. Den Backofen auf Grill stellen, die panierten Schweinsfüße auf einem Blech oder in einer flachen Form zuerst ca. 5 Min. auf der einen, dann auf der anderen Seite goldgelb grillen. Dazu Senf und gemischten Salat mit Chicorée oder Frisée.

ENTENLEBERMOUSSE   *
Mousse de foie de canard

Provence

250 g Entenleber (ersatz-
weise Hühnerleber)
4 Eier
4 Eigelb
2 Knoblauchzehen, geschält
und im Mörser zerrieben
½ TL abgerebelte Thymian-
blätter
300 ml Sahne
150 ml Milch
Butter zum Ausstreichen der
Förmchen
Salz, Pfeffer aus der Mühle

Für die Kräuterbutter:
15 g Petersilienblätter
15 g Kerbelblätter
15 g Schnittlauch
30 g Kresse
100 g zerlassene, aber nicht
gebräunte Butter
1 Spritzer Estragonessig
oder Zitronensaft
Salz, Pfeffer aus der Mühle

Die Leber in der Küchenmaschine oder im Fleischwolf sehr fein hacken.

Dann mit den Eiern, den Eigelb, dem Knoblauch, dem Thymian, der Sahne und der Milch verrühren. Diese Mischung durch ein Sieb streichen, salzen und pfeffern.

6 ausgebutterte Auflaufförmchen mit kreisrund ausgeschnittenem Pergamentpapier auslegen. Die Mischung in die Förmchen geben. In eine Fettpfanne eine Lage Zeitungspapier legen, die Förmchen darauf stellen und warmes Wasser angießen, das bis zur halben Höhe der Förmchen reicht. Im Wasserbad in dem auf 160° C (Gas Stufe 1) vorgeheizten Backofen 20, maximal 30 Min. backen; die Mousse ist gar, wenn ein Messer, mit dem man oben einsticht, sauber bleibt.

Für die Kräuterbutter die Blätter der Gewürzkräuter zuerst 3–4 Min. blanchieren; sie sollen weich, müssen aber noch leuchtend grün sein. Fein hacken, dann die geschmolzene Butter tropfenweise zugeben, schließlich den Estragonessig oder die Zitrone dazuträufeln. Etwas salzen und pfeffern und in ein vorgewärmtes Schüsselchen geben.

Mit dem Messer am inneren Rand der Förmchen entlangfahren, sie auf einen Teller stürzen und mit etwas Kräuterbutter begießen.

Dazu eine Baguette.

Fleisch und Geflügel

HUHN ✱
MIT VIERZIG KNOBLAUCHZEHEN
Poulet aux quarante gousses d'ail

40 Knoblauchzehen, das klingt abschreckend, ist aber mehr als lohnend: Einfacher und billiger läßt sich kein Huhn derart schmackhaft zubereiten.

Weil der Knoblauch nicht geschält wird, gibt er sein Aroma dezent ab und wird beim Schmoren mild, fast süß.

1 fleischiges ausgenommenes Brathuhn (1,5 kg)
1 Bouquet garni
6 Lorbeerblätter
1 Bund Thymian
1 Bund Rosmarin
1 Bund Petersilie
ca. 12 Salbeiblätter
1 Zwiebel, fein gehobelt
40 Knoblauchzehen
10–12 EL Olivenöl
12 kleine Scheiben Landbrot

Das Huhn mit Salz abreiben und mit dem Bouquet garni, den Lorbeerblättern und der Hälfte der Thymian- und Rosmarinzweige füllen. Auf den Boden eines reichlich mit Öl ausgestrichenen großen irdenen oder gußeisernen Topfes die feingehobelte Zwiebel und die übrigen Kräuter legen, das Huhn darauf betten, mit den 40 ungeschälten (!) Knoblauchzehen umgeben und mit Olivenöl großzügig begießen. Bei 170° C (Gas Stufe 2) 1½ Std. im Ofen braten. Nach der Hälfte der Garzeit wenden.

Kurz bevor es fertig ist, die Landbrotscheiben rösten, dann das Huhn entnehmen, die Croûtes mit den, von der äußeren, festen Schale befreiten Knoblauchzehen bestreichen. Das Huhn im Topf auf den Tisch stellen, die Knoblauch-Croûtes dazu servieren.

Dazu paßt ideal ein provenzalischer Rosé.

Les viandes et les volailles

HUHN NACH ART VON HEINRICH IV. *
Poule Henri IV

Gascogne

Keine falschen Erwartungen: Der Name dieses Hühnergerichts klingt königlich, aber der verwöhnte Henri IV speiste nachweislich lieber Gänse, Enten oder Fasane. Als siebten Gang. Die Bauern in der Gascogne jedoch waren bescheidene Menschen; und freuten sich sogar über das, was heute unter »Wahlversprechen« liefe. Nachdem das Land durch den Krieg zerstört und ausgeplündert war, verkündete der König aus dem Béarn vollmundig, er werde dafür sorgen, daß sich in seinem Königreich »jeder Bauer sonntags ein Huhn im Topf« leisten könne (nachdem werktags in selbigem Topf nur Gemüse, Getreide oder Brot schwammen). So wurde er zum Paten dieses Gerichts, das in Frankreich auch als »Poule-au-pot«, als »Huhn im Topf« überall ein Begriff ist.

1 großes Huhn von ca. 2 ½ kg mit den Innereien
100 g entrindetes Weißbrot
0,1 l Milch
200 g magerer Räucherspeck
6 Knoblauchzehen
30 g glatte Petersilie
2 Eier
1 Msp. geriebene Muskatnuß
3 Zwiebeln
6 Gewürznelken
3 Lorbeerblätter

3 Thymianzweige
6 Petersilienstengel
10 schwarze Pfefferkörner
grobes Meersalz
6 Karotten
6 mittelgroße weiße Rübchen
3 Stangenselleireherzen
6 kleine Stangen Lauch
6 Kartoffeln
1 Wirsingkopf
Senf
Salz und Pfeffer aus der Mühle

Im Geschäft das Huhn ausnehmen lassen, ebenso den Hals und die Flügel abschneiden lassen und alles mitnehmen.
Magen, Herz und Leber putzen. Das Weißbrot in kleine Stücke zerteilen und in Milch einweichen.

Fleisch und Geflügel

Herz, Leber und Räucherspeck fein würfeln und in eine Schüssel geben, das ausgedrückte Weißbrot zugeben. Den geschälten Knoblauch und die Petersilie sehr fein hacken, die Eier in einer Schüssel verquirlen und zusammen mit der gehackten Petersilie, dem Knoblauch, etwas Salz, Pfeffer und Muskatnuß in die Schüssel zu Herz, Leber und dem Weißbrot geben. Alles gründlich zu einer gleichmäßigen Farce vermengen und damit die Bauchhöhle des Huhns füllen, die vorher noch mit Salz und Pfeffer ausgerieben werden sollte. Die Öffnung mit Küchengarn zunähen, das Huhn in Form binden. Das Huhn in den Kühlschrank legen, damit es durchzieht.

Das Huhn mit dem Magen, dem Hals und den Flügeln in einen großen Topf geben und mit 3 bis 3½ l Wasser bedecken. Das Wasser zum Kochen bringen, dann das Feuer zurückstellen. Die geschälten Zwiebeln mit je 2 Gewürznelken spicken, mit den Kräutern, dem Meersalz und den Pfefferkörnern in den Hühnertopf geben und alles zusammen eine ¾ Std. nicht ganz zugedeckt kochen. Dabei immer mal wieder den Schaum abschöpfen.

Währenddessen die Karotten schaben, die Rübchen schälen und die Sellerie putzen. Alles in 3 oder 4 Stücke schneiden. Die geputzten Lauchstangen mit Küchengarn zu einem Bündel schnüren. Den Wirsing in seine Blätter zerlegen, diese 5 Min. in kochendem Salzwasser blanchieren, mit kaltem Wasser abschrecken und abtropfen lassen. Dann die dicken weißen Rippen herausschneiden.

Nach der ¾ Std. Kochzeit die Karotten, die weißen Rübchen, den Lauch und die Sellerie in den Hühnertopf geben und nochmals eine ¾ Std. auf kleiner Flamme köcheln lassen.

Währenddessen aus den Kohlblättern Bällchen formen, nebeneinander in einen großen, nicht zu hohen Topf legen und mit Hühnerbrühe, die man aus dem Hühnertopf abnimmt, bedecken. Auf kleiner Flamme in ½ Std. garziehen lassen.

Die Kartoffeln schälen und in grobe Stücke schneiden. In kaltem Salzwasser aufsetzen, zum Kochen bringen und ca. 25 Min. köcheln lassen. Wenn die Kartoffeln gar sind, abgießen und warmstellen.

Das Huhn aus dem Topf nehmen, abtropfen lassen, die Füllung herausholen und in schöne Scheiben schneiden, die zusammen mit dem Huhn auf einer vorgewärmten großen Platte angerichtet werden. Die Gemüse, die Wirsingbällchen und die Kartoffeln dazulegen. Die Brühe durchseihen und in eine Terrine gießen, salzen, pfeffern und mit Senf würzen und getrennt dazu servieren.

Fleisch und Geflügel

HUHN AUF BASKISCHE ART   *

Poulet basquais

Keine Bodenschätze, fast keine Industrie: Das hat gerade im französischen Teil von Euskadi (dem Baskenland auf baskisch) zu einer Kultivierung der einfachen Traditionen geführt. Die halten die Basken bekanntlich in aller Schärfe aufrecht. Scharf auch dieses traditionelle Hühnergericht: »À la basquaise« bedeutet schlicht, daß ein Gericht mit Pfeffer- und Paprikaschoten, Knoblauch und Tomaten zubereitet wird. Das können auch Tintenfische sein oder Kutteln, eine Omelette oder ein Lammragout. Huhn auf diese Art ist ein Erfolgsrezept – auch für Anfänger.

1 Huhn von 1,5 – 1,75 kg
3 mittelgroße Zwiebeln
6 Knoblauchzehen
1 kg Tomaten
3 rote Paprikaschoten
3 grüne Paprikaschoten
3 Pfefferschoten

5 EL Olivenöl
1 Bouquet garni, ergänzt durch 4 Stengel Petersilie
¼ l Weißwein
Salz und Pfeffer aus der Mühle

Das Huhn in 8 Teile schneiden. Die Zwiebeln schälen und hobeln, den Knoblauch schälen und fein hacken, die Tomaten überbrühen, enthäuten und würfeln. Die gewaschenen Paprikaschoten halbieren, entkernen, putzen und in feine Streifen schneiden, ebenso die Pfefferschoten.

Das Olivenöl in einem Topf erhitzen, die Hühnerteile salzen und pfeffern und hineingeben. Unter ständigem Wenden braun anbraten, dann auf kleinerer Flamme ¼ Std. zugedeckt schmoren lassen. Gelegentlich umrühren. Flügel und Brustteile herausnehmen, den Rest der Hühnerteile nochmals 5–7 Min. schmoren, dann ebenfalls entnehmen und warmstellen.

Die gehobelten Zwiebeln in diesen Topf geben, salzen und andünsten, dann Paprikaschoten, Pfefferschoten und Knoblauch

Les viandes et les volailles

zufügen und 5 Min. weiterschmoren, die gewürfelten Tomaten unterrühren, das Bouquet garni einlegen, nochmals salzen und pfeffern und alles 10 Min. köcheln lassen. Ab und zu umrühren.

Den Weißwein angießen, 10 Min. auf kleiner Flamme weiterköcheln, alle Hühnerteile wieder zugeben, 5 Min. im Gemüse ziehen lassen, dann das Bouquet garni entfernen und auf einer tiefen vorgewärmten Platte anrichten.

Dazu eine Baguette und einen Rotwein aus den Pyrenäen servieren.

GESCHMORTES HUHN MIT ESTRAGON
Poulet sauté à l'estragon

*

Provence

Das Huhn mit dem vielgeliebten Sommerkraut Estragon gehört zu den Klassikern der einfachen französischen Küche. Das Praktische daran: Es schmeckt nicht nur warm, sondern auch kalt an einem heißen Juli-Mittag oder einem schwülen Abend.

1 Huhn zum Braten, 1,5–2 kg schwer
1 l kochendes Wasser
75 g weiche Butter
4 EL feingehackte Estragonblätter
Salz und Pfeffer aus der Mühle
Olivenöl
60 ml trockener Weißwein
1 TL Butter, vermischt mit 1 TL Mehl für eine Mehlschwitze (beurre manié)
150 ml Sahne

Das Huhn ausnehmen und mit kochendem Wasser übergießen, um die Haut zu festigen. Trockentupfen.

Die Butter mit der Hälfte des Estragons, Salz und Pfeffer vermischen und das Innere des Huhns damit schön ausstreichen. Dann das Huhn in eine mit Olivenöl ausgepinselte gußeiserne Kasserolle legen, den Wein darübergießen und im vorgeheizten Backofen bei 190°C (Gas Stufe 2–3) ca. 1½ Std. braten. Das Huhn entnehmen und warmstellen, den Bratensaft in einen kleinen Topf schütten, die Mehlbutter einrühren und 10 Min. unter Rühren durchkochen lassen. Das Huhn auf eine Platte betten, die Sauce über und neben das Geflügel gießen.

Wird das Estragon-Huhn kalt serviert, muß es vorher zerteilt und enthäutet, dann mit der Sauce übergossen werden. Hat alles Zimmertemperatur, schmeckt es am besten.

Les viandes et les volailles

GÄNSEKLEIN
Alicot

Périgord

Was fällt Ihnen ein beim Stichwort »Périgord«? Natürlich: Luxus in Reinform. Schwarze Trüffeln, Enten- und Gänstestopfleber. Reich gemacht aber hat die Region nicht die Natur – die ist ziemlich karg –, sondern der Einfallsreichtum der Bäuerinnen. Sie bekamen nicht nur heraus, daß Gänsestopfen die Leber fett, delikat und begehrenswert macht, sondern auch, was mit übriggebliebenem Gänsefett alles zu machen war. Und mit den Resten der Gans sowieso. Freigiebig war die Gegend hier nie. Nur Pilze gab es in den Hochwäldern des Périgord jede Menge und Wurzelgemüse mit wenig Anspruch ... aber mit viel Aroma. So gesehen ist es eben nicht die teure Foie gras, sondern dieses Gericht namens Alicot aus Wurzelgemüse, Gänseklein und Gänseschmalz, das das Périgord verkörpert.

400 g Schwarzwurzeln
400 g Karotten
400 g milde Pilze (Maronenröhrlinge oder Egerlinge)
12 Maronen (Eßkastanien)
750 g Gänseklein
2 EL Gänseschmalz
1 Msp. geriebene Muskatnuß
1 Bouquet garni, bestehend aus 3 Thymianzweigen, 3 Stengeln Petersilie, 3 Lorbeerblättern
Salz, Pfeffer

Schwarzwurzeln waschen, schaben und in fingerlange Stücke schneiden. In kochendem Salzwasser blanchieren.

Karotten waschen und schaben, ebenfalls in fingerlange Stücke schneiden.

Die geputzten Pilze grob zerkleinern. Die Kastanien kreuzweise einschneiden und 10 Min. im auf maximale Hitze vorgeheizten Backofen aufplatzen lassen, dann die äußere Schale und die darunterliegende Haut entfernen.

Fleisch und Geflügel

Das Gänseklein in gabelgerechte Stücke schneiden. In einer großen Pfanne das Gänseschmalz erhitzen, zuerst die Schwarzwurzeln, dann die Pilze und das Gänseklein goldbraun anbraten und alles in einen großen Schmortopf umschütten. Jetzt die Karotten und die Kastanien zugeben, pfeffern, salzen und mit der Muskatnuß würzen, das Bouquet garni dazulegen und auf kleinster Flamme auf dem Herd oder bei geringer Hitze im Backofen 4 Std. leise köcheln lassen. Im Anschmortopf servieren, aber zuvor noch das Bouquet garni entfernen.

Dazu Landbrot und ein roter Bergerac.

Les viandes et les volailles

GEFÜLLTER GÄNSEHALS **

Cou d'oie farci

Périgord

Obwohl es etwas derb klingt: Dieses Gericht sieht aufgeschnitten herrlich aus und schmeckt köstlich.

*Gänseklein (Hals, Magen, Leber und Herz) von 2 Gänsen
zur Würze: weißer Pfeffer, Piment, getrockneter Majoran, etwas gemahlene Nelke, 1 Msp. frisch geriebene Muskatnuß
2 zerriebene Knoblauchzehen
1 TL Salz
50 g Butter
150 g Schweinefleisch
2 EL geriebenes Weißbrot
1 EL Öl
1 Zwiebel, fein gewürfelt
1 TL Mehl
2 EL Portwein
1 l Geflügelfond
frischer Thymian, Ysop und Liebstöckel
100 g geräucherter Speck, fein gewürfelt*

Die Haut der beiden Hälse am Kopf abschneiden und im ganzen als Schlauch abziehen.

Das Fleisch der Gänsemägen aus der festen Haut herausschälen. Herzen und Lebern putzen. Die Innereien in eine Schüssel geben und mit den Gewürzen und dem Salz bestreuen. Die Butter in einer Pfanne erhitzen, die Innereien unter ständiger Bewegung der Pfanne darin anbraten und abkühlen lassen. Das Schweinefleisch würfeln und dazu geben, das geriebene Weißbrot darüberstreuen.

Das Öl in einer anderen Pfanne erhitzen, die Zwiebelwürfel andünsten, mit Mehl bestäuben, Portwein und 6 EL vom Geflügelfond aufgießen, die Kräuter zugeben, dick einkochen, über die Innereien und die Schweinefleischwürfel geben und alles durchziehen lassen. Wenn die Mischung kalt ist, zusammen mit den Speckwürfeln in der Küchenmaschine pürieren oder durch den Wolf drehen und das Ganze in die auf einer Seite zugenähten Gänsehälse füllen. Darauf achten, daß keine Luftblasen entstehen.

Im 80° C heißen Geflügelfond ca. 20 Min. garen, dann heiß servieren zu einem Landbrot.

BÉCHAMELSAUCE *

Sauce Béchamel

Obwohl sie am nicht eben durch Bescheidenheit berühmten Hof des Sonnenkönigs erfunden wurde, ist diese Sauce ein unverzichtbarer Teil der bescheidenen Küche in Frankreich geworden. Die Idee des Louis de Béchamel, keineswegs ein Koch, sondern Haushofmeister bei Ludwig XIV., besteht einfach darin, eine helle Mehlschwitze nicht wie üblich mit Fleischbrühe, sondern nur mit Milch abzulöschen. Daher kommt ihr ungeheuer anpassungsfähiger, milder Charakter. Sie ist vor allem für viele Arten von Gratins geeignet.

¼ l Milch
2 EL Butter
2 gestrichene EL gesiebtes Mehl
Salz und Pfeffer aus der Mühle
1 Msp. frisch geriebene Muskatnuß
Crème fraîche oder Crème double nach Geschmack

Die Milch erhitzen. Die Butter in einem Saucentopf zum Schmelzen bringen, aber nicht braun werden lassen. Das Mehl einstäuben, sofort umrühren, die heiße Milch angießen und mit dem Schneebesen unterrühren. Die Sauce 15 Min. unter dauerndem Rühren köcheln lassen. Mit Salz, Pfeffer und Muskat abschmecken, nach Geschmack Crème fraîche oder Crème double unterziehen.

SAUCE SOUBISE ✱

Wie das Purée Soubise hat sie ihren Namen von dem Marschall Soubise (1758–1787). Vor der Schlacht bei Roßbach hat er von dieser stärkenden Sauce offenbar zu wenig gegessen: Er verlor. Vor der in Sondershausen war er genügend gestärkt: Er gewann.

2 nicht zu scharfe große Zwiebeln
¼ l Milch
3 EL Butter
2 ½ gestrichene EL Mehl
Salz, weißer Pfeffer
1 Prise Zucker

Die geschälten Zwiebeln hobeln. Die Milch erhitzen. 2 EL Butter in einer Kasserolle schmelzen, mit Mehl anstäuben, eine Mehlschwitze bereiten. Die heiße Milch mit dem Schneebesen unterrühren und weiterrühren, bis die Sauce kocht.
15 Min. köcheln lassen. Die Zwiebelringe in Salzwasser blanchieren, in der übrigen Butter schmoren, ohne daß sie Farbe annehmen, dann in die Béchamelsauce geben, umrühren, Salz, Pfeffer und Zucker zugeben. Wer will, kann die Sauce mit Sahne verfeinern.
Sie paßt zu Lamm- und Hammelgerichten, aber auch zu schlichten hartgekochten Eiern.

SAUCE MOUSSELINE ∗∗

Ihren Namen hat diese Sauce von dem gleichnamigen Stoff: dem feinfädigen Musselin aus Baumwolle. Weich wie er sollte sie sein.

1 EL Weißweinessig
3 EL Wasser
½ TL zerstoßener Pfeffer
4 Eigelb
250 g Butter, in kleine Stückchen geschnitten und sehr kalt, oder geschmolzen und geklärt
⅛ l Sahne
etwas frischgepreßter Zitronensaft

Essig, Wasser und Pfeffer in einen kleinen Topf geben, bei mittlerer Hitze soviel verdampfen lassen, daß nur noch 1 EL übrig bleibt. Diese Basis nennt sich »gastrique«, weil sie als magenfreundlich gilt. Abkühlen lassen. Inzwischen die Eigelb mit 2 EL kaltem Wasser verrühren. Die Butter in kleine Stücke schneiden, schmelzen und klären, d. h. die weiße Molke gründlich abschöpfen oder die Butterstückchen kaltstellen.

Den reduzierten Essig vom Herd nehmen, die Eigelb einrühren, auf kleinste Flamme setzen und zügig schlagen, bis das ganze cremig wirkt. Dann einzeln die kalten kleinen Butterstückchen zugeben, dabei dauernd rühren. Immer erst ein neues hineingeben, wenn das vorige sich aufgelöst hat oder teelöffelweise die geschmolzene, geklärte Butter zugeben. Hat die Sauce eine schöne dickliche Konsistenz erreicht, etwas Sahne und Zitronensaft zufügen.

Wird sie schon während des Schlagens zu dick, Wasser, Sahne oder Zitronensaft schon früher zugeben.

Saucen

Sauce Béarnaise ✱

Wie viele Berühmtheiten ist auch die Béarnaise geheimnisumwitterter Herkunft: Angeblich heißt sie nach der Heimat von König Heinrich IV., der stammte aus dem Béarn. Kenner sagen, sie heiße nur nach einem Restaurant mit des Königs Namen, dem Pavillon Henri IV. Der Küchenchef dort behauptete, das Rezept in einem kulinarischen Traktat der Renaissance aufgetan zu haben. Sicher ist nur: Diese leicht zuzubereitende Sauce veredelt selbst simplen gekochten Blumenkohl.

3 Schalotten
30 Estragonblätter
1 EL gehackter Kerbel
125 g Butter
0,1 l Weißwein
0,1 l Weißweinessig

½ TL grob gemahlener Pfeffer
4 Eigelb
Salz
2 EL Zitronensaft

Die Schalotten fein hacken, ebenso die Estragonblätter. Die Butter schmelzen lassen und klären, das heißt: den weißlichen Schaum, also die Molke abschöpfen.

Die Hälfte vom Estragon, die Schalotten, den Weißwein, den Essig und den Pfeffer zusammen mit dem gehackten Kerbel in einem anderen Topf bei starker Hitze so lange kochen lassen, bis die Flüssigkeit auf ¼ der Ausgangsmenge eingekocht ist. Vom Herd nehmen, etwas abkühlen lassen. Den Topf in ein kochend heißes Wasserbad setzen, auf kleiner Flamme warmhalten. Die Eigelb zugeben und mit dem Schneebesen alles zu einer schaumigen Masse aufschlagen. Ist die Sauce cremig, vom Herd nehmen, die geklärte Butter löffelweise unter dauerndem Rühren mit dem Schneebesen zugießen. Salzen, den Zitronensaft und die andere Hälfte vom feingehackten Estragon beigeben und lauwarm servieren.

Les sauces

KNOBLAUCHSAUCE **
Aioli

Die Provenzalen erheben wie die Spanier und die Italiener Anspruch auf die Erfindung von Aioli und sagen, der Name komme vom provenzalischen »ai« für Knoblauch und »oli« für Öl. Damit wird von altersher der Stockfisch gebunden. In der Provence heißt auch das komplette Stockfisch-Gericht dieser Art heute Aioli. Die Knoblauchsauce paßt allerdings auch zu einfachem gekochten Gemüse oder Pellkartoffeln.

8 Knoblauchzehen, geschält *¼ l Olivenöl*
1 kleine mehlige Kartoffel *Saft ½ Zitrone*

Die Knoblauchzehen mit Salz im Mörser zerreiben, mit der weichgekochten Kartoffel mischen, pfeffern und dann in ganz dünnem Strahl unter andauerndem Rühren das Olivenöl zugeben, bis alles mayonnaiseartig dick ist. Zum Schluß den Zitronensaft unterrühren.

WEISSE BUTTERSAUCE ✱✱
Beurre blanc

Die einfache Küche basiert auf der Erkenntnis, daß das Gute so nah liege. Für die Menschen im Mündungsbereich der Loire liegt es nahe, den fruchtigen und billigen Muscadet-Wein aus der Region zu verwenden, die guten Schalotten, die in der Charente wachsen, und die berühmt schmackhafte Butter von dort. Das Ergebnis heißt Beurre blanc und ist ein Gaumenschmeichler, der den einfachsten pochierten Fisch zur Delikatesse macht, aber auch viele sanft gedünstete Gemüse.

Für ¼ l Sauce:
2 EL feiner Weißweinessig
4 EL Muscadet (oder ein anderer trockener, fruchtiger Weißwein)
3 feingehackte Schalotten
1–2 EL Crème fraîche
250 g sehr kalte feingewürfelte Butter
Salz und weißer Pfeffer aus der Mühle

Essig, Wein und Schalotten in eine kleine Kasserolle geben und einkochen lassen. Die Crème fraîche zugeben und nochmal reduzieren. Dann Stückchen für Stückchen die kalten Butterwürfel mit dem Schneebesen in die heiße aber nicht kochende Sauce einrühren. Damit die Sauce nicht zu stark erhitzt wird (wodurch sich die Butter vom Rest trennt), die Kasserolle immer wieder kurz vom Feuer nehmen. Würzen und in einer vorgewärmten Saucière servieren.

Les sauces

ESSIG-ÖL-SAUCE ✱
Vinaigrette

Die Vinaigrette, die nach ihrer Grundzutat, dem Essig (vinaigre) heißt, ist für die einfache französische Küche unverzichtbar. Die gutgemeinte Verwendung von teurem Aceto balsamico oder anderen feinen Balsamessigen allerdings ist sinnlose Verschwendung: Die Vinaigrette schmeckt dann nach Lakritze. Ein guter Weißwein-, Rotwein- oder Apfelessig ist das einzig Richtige und bringt die gewünschte Leichtigkeit. Kenner geben, damit die Vinaigrette zum Salat zum Beispiel richtig spritzig und frisch schmeckt, einen Schluck kohlesäurehaltiges Mineralwasser zu, wenn sie weich und rund gewünscht wird, etwas Honig. Es gibt unendlich viele regionale und lokale Varianten der Vinaigrette.

Klassische Art:
2 EL Weißweinessig
8 EL Sonnenblumenöl
½ TL Senf
1 Prise Zucker, 1 Prise Salz
Pfeffer aus der Mühle
feingewiegte frische Kräuter:
  Es werden, je nach
  Jahreszeit und je
nachdem, wozu die
Vinaigrette gereicht wird,
Schnittlauch (zu
Artischocken), Petersilie
(zu Fischigem), Kerbel,
Kresse, Estragon,
Sauerampfer, Borretsch,
Basilikum und Dill
verwendet.

Die Gewürze mit dem Essig verrühren, bis das Salz sich aufgelöst hat, dann langsam unter dauerndem Rühren mit dem Schneebesen das Öl unterschlagen. Die feingewiegten Kräuter unterziehen.

Im kräuterlosen Winter eine feingehackte Schalotte als Ersatz nehmen.

Nach Art der Normandie:

3 EL Nußöl
1 EL Apfelessig (am besten Cidre-Essig)
1 TL Senf
1 TL gehackter Estragon
½ TL Salz, Pfeffer aus der Mühle
1 Spritzer Cidre

Zubereitung wie oben. Zum Schluß den Cidre zugeben.

Provenzalische Art:

½ TL Salz
2 EL Essig
1 TL Dijon-Senf
2 Knoblauchzehen
8 EL Olivenöl
schwarzer Pfeffer aus der Mühle

Das Salz in eine Schüssel geben und mit dem Essig solange verrühren, bis es sich aufgelöst hat. Die Knoblauchzehen über eine Gabelspitze an der Schüsselwand zerreiben, Senf und Pfeffer zugeben und unter dauerndem Rühren das Olivenöl hineingießen, weiterrühren, bis die Vinaigrette fast dickflüssig wirkt.

Tip:

Der Vinaigrette können gehackte Kapern, gehackte Essiggurken oder gehackte Eier zugegeben werden, auch alles zusammen schmeckt gut.

GESTÜRZTER APFELKUCHEN **
Tarte Tatin

Sologne / Orléannais

In Lamotte-Beuvron betrieben zwei Schwestern namens Tatin um 1900 ein Hotel. Für dessen Gäste haben sie angeblich diesen Kuchen erfunden. Allerdings war gestürzter Apfelkuchen in der Sologne schon lange vorher bekannt.

Ihren unvergleichlich köstlichen Geschmack bekommt die Tarte dadurch, daß die Äpfel in Butter und Zucker karamelisieren.

2 ½ kg Äpfel, am besten Reinetten
2 Zitronen
200 g Butter oder Butterschmalz
200 g Zucker
1 Vanilleschote
250 g Blätterteig (s. S. 118)
50 g Mehl zum Ausrollen des Teigs

Die Äpfel schälen. Eine Zitrone quer halbieren und die Äpfel damit einreiben, damit sie nicht braun werden. Die zweite Zitrone in eine große Schüssel pressen. Die Äpfel vierteln, die Kerngehäuse entfernen und im Zitronensaft wenden.

Eine Tarte-Form mit sehr dickem Boden mit 160 g weicher Butter ausstreichen. Die Vanilleschote halbieren, auskratzen und das Mark mit 80 g Zucker vermischen. Boden und Wände der Tarte-Form mit dem Vanillezucker bestreuen und den Boden rosettenförmig mit den Äpfeln belegen. Die gewölbte Seite der Schnitze soll zum Rand der Form zeigen. Die Äpfel mit 40 g Zucker bestreuen. Darauf nun die restlichen Äpfel so verteilen, daß die gewölbte Seite der Äpfel nach oben zeigt. Mit dem restlichen Zucker bestreuen und die restliche Butter in Flöckchen darauf verteilen.

Den Backofen auf 180 °C vorheizen (Gas Stufe 2), die Tarte-Form mit Alufolie bedecken und die Äpfel 1 Std. im Ofen karamelisieren lassen. Immer mal wieder unter die Folie

Kuchen und Süßspeisen

schauen, um zu kontrollieren, daß der Zucker nicht zu dunkel wird.

Währenddessen den Blätterteig zu einem runden Fladen von der Größe der Tarte-Form ausrollen und eine ¾ Std. im Kühlschrank ruhen lassen. Dann entnehmen, mehrmals mit einer Gabel einstechen und mit einem Messer 8 kleine Einschnitte machen, damit der Dampf von den Äpfeln später entweichen kann. Den Teigfladen wieder in den Kühlschrank legen.

Die Tarte-Form aus dem Ofen nehmen, die Folie entfernen, den Teigfladen auf die Äpfel legen, den überstehenden Teigrand nach innen fälteln. Die Form zurück in den Ofen schieben und den Kuchen ca. 30 Min. backen.

Danach die Tarte auf Zimmertemperatur abkühlen lassen.

Ganz wichtig: Direkt vor dem Servieren den Boden der Form stark erhitzen, damit die Äpfel und die Karamelschicht sich lösen. Die Tarte auf eine Platte stürzen. Mit den Äpfeln nach oben servieren.

BUTTERKUCHEN NACH ART DER CHARENTE
Galette charentaise

Die Charente ist eine doppelbödige Schönheit: Einerseits ist sie ein braves Milch- und Butterland, andererseits die Heimat des Cognac. Berühmt ist auch der Pineau de Charente, ein Likörwein, der zu diesem Butterkuchen gern getrunken wird. Das Angenehme an dieser Galette: Sie ist im Handumdrehen zubereitet.

2 Vanilleschoten
250 g Zucker
4 Eier
1 Prise Salz
250 g Weizenmehl
250 g Maismehl
200 g weiche Butter
50 g Hagelzucker
1 EL weiche Butter für die Form

Eine Kuchenform von ca. 21 cm Durchmesser mit der Butter gut ausstreichen und die Form in den Kühlschrank stellen.

Das Mark aus den Vanilleschoten kratzen und mit dem Zucker gut vermischen.

Den Backofen auf 180°C (Gas Stufe 2) vorheizen.

Die Eier in eine große Rührschüssel schlagen, mit dem Schneebesen verkleppern, den Vanillezucker und die Prise Salz zugeben und zu einer glatten hellgelben Creme aufschlagen. Nach und nach zuerst das Weizen-, dann das Maismehl zugeben, schließlich die Butter und alles zu einem geschmeidigen Teig verarbeiten.

Den Teig in die Form geben, mit Hagelzucker bestreuen und im vorgeheizten Ofen 15–20 Min. goldgelb backen. Warm servieren.

Kuchen und Süßspeisen

KORSISCHE KRAPFEN   *
Fritelle

Jedes korsische Dorf hat seine eigene Variante von diesem wichtigsten Gebäck der Insel. Je nachdem, was in dem jeweiligen Inselteil gerade am besten gedeiht, wechseln die Zutaten. Im Landesinneren von Korsika z.B. wachsen prächtige Kastanienbäume. Daher werden dort die Fritelle mit Kastanienmehl bereitet, das man mittlerweile auch hier in Naturkostläden bekommen kann.

500 g Mehl
3 Eigelb
2 EL weiche Butter
¼ l Wasser

20 g Hefe
etwas Rum
Öl zum Ausbacken
Zucker zum Bestäuben

Das Mehl in eine Schüssel sieben, Butter, Eigelb und schließlich das Wasser unterrühren. Die Hefe hineinbröckeln, etwas Rum zugießen, leicht salzen und alles zu einem geschmeidigen Teig verarbeiten. Das Öl im Fritiertopf erhitzen. Mit einem Eßlöffel Teigportionen abheben und die Bällchen im siedenden Öl goldbraun ausbacken. Auf Küchenkrepp abtropfen lassen und mit Zucker bestreuen.

VARIANTE: BEIGNETS AU BROCCIU

Brocciu ist ein korsischer Ziegen-Frischkäse, den es auch in Deutschland zu kaufen gibt. Der Teig kann wahlweise mit Weizen- oder Kastanienmehl bereitet werden. Der Brocciu wird in kleine Würfel von 1 cm Seitenlänge geschnitten. Die Hände mit Öl einreiben, die Käse-Würfel in den Teig tauchen, formen und ins siedende Öl werfen. Goldbraun ausbacken. Die Krapfen mit Zucker bestreuen und sehr heiß servieren. Der Kontrast von dem kühlen Frischkäse und der heißen Kruste ist herrlich.

KIRSCH-EIER-SPEISE *
Clafoutis

Limousin und Auvergne

Im Dialekt des Limousin heißt »clafoutir« einfach »füllen«. Im Südwesten, vor allem im Cantal, ist es für jeden Haushalt eine Sache der Ehre, Clafoutis anbieten zu können.

Außerhalb seiner engsten Heimat wird der Clafoutis meistens mundgerecht mit entsteinten Kirschen angeboten. Leider schmeckt er dann nicht halb so gut, denn die Kirschsteine sorgen für das sanfte Bittermandelaroma, das diese einfach geniale Süßspeise erst vollkommen macht.

3 Eier
3 EL Zucker
1 EL Vanillezucker
1 Prise Salz
3 EL Mehl

1 EL Kirschwasser
½ l Milch
500 g Sauerkirschen
50 g Butter
Puderzucker zum Bestäuben

Die Eier in eine Rührschüssel geben, mit dem Zucker, dem Vanillezucker und der Prise Salz mit dem Schneebesen aufschlagen, nach und nach das Mehl zugeben, dann das Kirschwasser und ein Drittel der Milch. Alles zu einem glatten Teig verrühren, dann die restliche Milch zugeben und verrühren.

Die gewaschenen und abgetropften Sauerkirschen in eine dick ausgebutterte feuerfeste Porzellan- oder Keramikform geben, den Teig darübergießen und einige Butterflöckchen darauf setzen. Auf der mittleren Schiene im vorgeheizten Backofen bei 220° C (Gas Stufe 4) 20 Min. backen, mit dem Puderzucker bestreuen und nochmals ca. 15 Min. goldbraun backen. Lauwarm servieren.

Kuchen und Süßspeisen

BRETONISCHER PUDDING ✱
Far breton

Seit Jahrhunderten ist dieser Pudding ein Klassiker der bretonischen Küche aus Quiberon. »Far« hieß bei den Römern der Dinkel, aber auch andere Getreidearten, die zum Breikochen geeignet waren. Das französische »farine« (zu deutsch: Mehl) kommt wohl daher.

250 g weiße Trauben oder eingeweichte Backpflaumen
⅛ l Rum
6 Eier
150 g Zucker

200 g Buchweizenmehl oder normales Weizenmehl
1 l Milch
50 g Butter
2 EL Puderzucker

Die Trauben abzupfen, die Weinbeeren aufschneiden und entkernen. Oder die eingeweichten Pflaumen entsteinen (Puristen entsteinen sie nicht!). 1 Std. in Rum einlegen.

Die Eier in einer Teigschüssel aufschlagen, mit dem Zucker schaumig rühren, dann allmählich das gesiebte Mehl zugeben und sehr gut verrühren. Die Milch erhitzen und langsam zugießen. Eine feuerfeste Porzellanform dick mit Butter ausstreichen, ¼ des Teiges einfüllen und im vorgeheizten Backofen bei 220° C (Gas Stufe 4) in ca. 10 Min. fest werden lassen. Dann die Form herausnehmen, die Weinbeeren bzw. Pflaumen auf die gestockte Masse legen, den Rest des Teigs einfüllen und im heißen Ofen nochmals ca. 50 Min. garen. Mit Puderzucker bestreuen und heiß servieren.

Les gâteaux, les tartes et les desserts

APFELKRANZ

Couronne de pommes

Normandie

1,5 kg säuerliche Äpfel	*1 TL Zimt*
50 g Butter	*Nüsse*
150 g Zucker	*¼ l Sahne*

Die geschälten Äpfel in große Stücke schneiden, vom Kernhaus befreien. Die Stücke eng in eine reichlich ausgebutterte Kranzform betten. 150 g Zucker in etwas Wasser auflösen, den Zimt zufügen, das Zuckerwasser über die Äpfel gießen, Butterflöckchen darauf verteilen und die Form in ein heißes Wasserbad stellen. Im Ofen bei 175° C (Gas Stufe 2) mindestens 1 Std. lang garen, dann auf eine runde Platte stürzen, mit Nüssen garnieren und mit Schlagsahne servieren.

OBSTAUFLAUF
La Flagonarde

Uralt, aber ein Publikumsliebling – in der Auvergne ebenso jedem ein Begriff wie im Limousin oder im Périgord. Ihr Name leitet sich, ob sie sich nun flangarde, flougnarde, flaugnarde oder flagonarde nennt, vom altfranzösischen »fleugne« ab, zu deutsch: weich. Als viele Menschen schon mit 40 zahnlos waren, ein triftiges Argument. Heute ist es ein anderes, das die Flagonarde begehrt macht: So viel Wohlgeschmack für so wenig Geld und Aufwand.

¼ l Milch
1 Vanilleschote
abgeriebene Schale von
  2 Zitronen
1 Eigelb
3 ganze Eier
60 g Zucker
1 Prise Salz
60 g Mehl
evtl. 1 Glas Obstschnaps

80 g Butter
ca. 500 g Äpfel und Birnen,
  geschält, entkernt, in
  dünne Scheiben
  geschnitten (im Winter:
  eingeweichte, entkernte
  Dörrpflaumen oder
  anderes Dörrobst)
1 EL Vanillezucker

Die Milch in einen Topf gießen, das Mark der Vanilleschote und die Zitronenschale zugeben, aufkochen lassen. Den Topf vom Herd nehmen, den Deckel aufsetzen und 20 Min. ziehen lassen, dann durch ein Sieb gießen und abkühlen lassen.

Eigelb, Eier, Zucker und Salz mit dem Schneebesen zu einer dicken hellgelben Masse aufschlagen, dann zügig das Mehl unterarbeiten und die lauwarme Milch einrühren, evtl. noch ein Glas Obstschnaps zugeben. Die Obstscheiben oder das eingeweichte, abgetropfte Dörrobst unter den Teig mischen.

In eine ausgebutterte Auflaufform einfüllen, mit ein paar Butterflöckchen belegen und im vorgeheizten Ofen bei 200°C ca. 35 Min. backen. Mit Vanillezucker bestäubt warm servieren.

Les gâteaux, les tartes et les desserts

BIRNEN IN ROTWEIN ✱
Poires au vin rouge

Burgund

Jeder kennt den Cassis, den köstlichen Johannisbeerlikör aus Dijon. Hier werden die schwarzen Johannisbeeren mit dem landeseigenen Wein zu einer köstlichen einfachen Nachspeise vereint, die man am besten am Vortag zubereiten sollte.

8 Williamsbirnen
1 Flasche Burgunder oder ein anderer guter Rotwein
1 Zimtstange
1 Nelke
1 Pimentkorn
ein paar Zweiglein wilder Thymian (Quendel)
500 g Zucker
1 Zitrone
200 g abgezupfte schwarze Johannisbeeren

Die Birnen schälen, ohne den Stiel zu entfernen.

Rotwein, Zimtstange, Nelke, Pimentkorn, Quendel, Zucker und die in Scheiben geschnittene Zitrone in einen hohen Topf geben, in dem die Birnen nebeneinander Platz haben, und kräftig durchkochen lassen, bis sich der Zucker gelöst hat. Die Birnen darin 15 Min. köcheln. Dann die Johannisbeeren zugeben. Wenn die Birnen weich sind, im Sirup mindestens 2–3 Std. durchziehen lassen; entnehmen, die Gewürze aus dem Sirup entfernen, und darin die Birnen servieren.

Kuchen und Süßspeisen

VERBRANNTE CREME **
Crème brûlée

Die Creme soll natürlich nicht verbrennen: gebrannt wird nur der Zucker, damit er auf der Oberfläche karamelisiert. Früher hielt man dafür eine rotglühende Backschaufel darüber, heute stellt man die Cremetöpfchen unter den Grill.

300 ml Milch
100 g Crème double
2 Eier
2 Eigelb
60 ml Akazienhonig
2 Vanilleschoten
45 g brauner Zucker
etwas Butter

Den Herd auf 150° C (Gas Stufe 1) vorheizen. Die Milch in einem Topf zum Kochen bringen, die Crème double hinzugeben und ½ Min. rühren. Den Topf vom Herd nehmen.

Eier und Eigelb in einer Schüssel kräftig verkleppern, den Honig zugeben und weiterschlagen, bis die Mischung hell wird, aber noch nicht schaumig ist. Jetzt unter dauerndem energischem Schlagen die Milch-Sahne-Mischung dazugießen. Durch ein Sieb gießen und dann auf 4 feuerfeste ausgebutterte Förmchen mit 125 ml Fassungsvermögen verteilen. Die Förmchen in ein heißes Wasserbad setzen und für 30 Min. in den heißen Backofen schieben. Dann den Backofen ausschalten, die Creme aber noch 15–20 Min. darin stehen lassen. Herausnehmen, abkühlen lassen und zugedeckt 2–8 Std. in den Kühlschrank stellen.

Die Creme muß vollständig durchgekühlt sein.

Den Grill vorheizen, das Mark der Vanilleschoten in einem Schüsselchen mit dem braunen Zucker verrühren, über die vier Cremes streuen und für 1½ Min. dicht unter den Grill setzen, bis der Zucker karamelisiert. Abkühlen lassen. Man kann sie bis zum Servieren im Kühlschrank aufbewahren, aber maximal 2 Std., weil sonst die Karamelkruste aufweicht.

SCHNEE-EIER ✱✱
Œufs à la neige

Unter Ludwig XIV. verfaßte der bereits erwähnte adlige Feinschmecker François de La Varenne ein Kochbuch, das über Jahrhunderte unverändert blieb: ›Le Cuisinier François‹.

1 Vanilleschote	*4 Eier, getrennt*
½ l Milch	*200 g feiner Zucker*

Die Vanilleschote aufschlitzen, mit der Milch zum Kochen bringen und 5 Min. ziehen lassen. Die Eigelb mit 75 g Zucker cremig schlagen. Die Vanilleschote aus der Milch entfernen, die Milch unter die Eimasse schlagen und alles auf mittlerer Flamme unter dauerndem Rühren erhitzen – nicht kochen –, bis die Masse dicklich wird. Abkühlen lassen und immer mal wieder aufschlagen. Durch ein Sieb gießen, in den Kühlschrank stellen.

Die Eiweiß fast steif schlagen, 30 g Zucker zugeben, 1 Min. weiterschlagen, bis ein glatter, glänzender Schnee entstanden ist.

In einen großen Topf 10 cm hoch Wasser einfüllen, zum Kochen bringen, dann nur noch köcheln lassen. Einen Eßlöffel in eiskaltes Wasser tauchen, Bällchen abstechen und ins heiße Wasser geben. 6 Bällchen gleichzeitig garziehen lassen. Nach ½ Min. umdrehen und die andere Seite ebenfalls ½ Min. garen. Mit einem Schaumlöffel herausheben und auf ein Gitter setzen, das auf einem feuchten Handtuch steht. Die abgekühlten Bällchen in den Kühlschrank stellen.

Vor dem Servieren die Creme in eine Schüssel gießen und die Schaumbällchen darauf setzen.

In einem kleinen Topf den restlichen Zucker mit 2 EL Wasser schmelzen und kochen, bis honigfarbener Karamel entstanden ist. Über die Schnee-Eier gießen und sofort servieren.

HONIGEIS ✶✶
Glace au miel

Paris

Der Einfluß der italienischen Küche auf die französische ist eine historische Tatsache. Begonnen hat er schon mit den Römern und den Exil-Päpsten in Avignon, wichtig wurde er aber erst im Jahr 1533, als die Florentinerin Katharina von Medici Frankreichs späteren König Heinrich II. heiratete.

Auch die Kunst, Speiseeis zu machen, haben die Franzosen von den Italienern gelernt. Das Pariser Café Procope spezialisierte sich schon im 17. Jahrhundert auf Eiscremes, ein köstliches Vergnügen auch für weniger Vermögende. Dieses Rezept stammt angeblich aus dieser Zeit.

350 ml Milch
3 Eigelb
50 g feiner Zucker
75 ml Crème fraîche

100 ml Waldhonig oder Honig aus der Provence, der stark nach Rosmarin, Lavendel und anderen Kräutern schmeckt.

Die Milch in einem kleinen Topf zum Kochen bringen. In einem zweiten Topf Eigelb und Zucker aufschlagen, dann langsam unter ständigem Rühren die kochende Milch zugießen. Bei milder Hitze 5 Min. unter Rühren garen, bis die Mischung dick wird. Sie darf auf keinen Fall kochen. Vom Herd nehmen, abkühlen lassen. Dann durch ein Sieb streichen, Crème fraîche und Honig einrühren und zu einer dicken schaumigen Masse aufschlagen.

In eine Eismaschine gießen und nach Gebrauchsanleitung gefrieren.

SALBEILIKÖR   *
La Sauge

Nördliche Provence

Salbei galt von altersher als Allheilmittel. Schließlich kommt sein lateinischer Name – salvia officinalis – vom lateinischen Wort für retten. Als ein Lebenselexier, das in jeder Situation hilft, gilt auch dieser Likör.

Für 2 l Likör:
1 Handvoll Salbeiblätter
1 Handvoll Salbeiblüten

1 l Eau-de-vie (unvergällter Alkohol/Weingeist aus der Apotheke), 50 %ig
400 g Honig
500 ml Wasser

Salbeiblätter und -blüten mit dem Weingeist zusammen in einen Krug oder eine Flasche mit breiter Öffnung (Karaffe) geben und zugedeckt an einem warmen Ort 8 Tage stehen lassen. Dann die Lösung absieben und in 2 Flaschen à ¾ l füllen. Das Wasser aufkochen, den Honig darin auflösen. Abkühlen lassen und in die Flaschen zu der Eau-de-vie-Lösung geben. Verschließen und an einem kühlen Ort aufbewahren.

VARIANTE:
EISENKRAUTLIKÖR – LIQUEUR DE VERVEINE

150 g Eisenkrautblätter in ½ l Eau-de-vie 2 Tage mazerieren lassen. Durch ein Sieb abgießen. 400 ml Wasser aufkochen, 300 g Honig darin auflösen, abkühlen lassen; das mit Eisenkraut parfümierte Eau-de-vie zugeben und in Flaschen abfüllen. Als Digestif servieren.

GLOSSAR

Anchovis (Sardellen): Speziell in Südfrankreich werden eingelegte Sardellen als Würze für viele Gerichte verwendet. Dort reifen die Sardellen, mariniert in Salz, in großen Stahlfässern drei Monate lang. Meistens werden sie dann filetiert und in Öl eingelegt oder aber in frisches grobkörniges Salz.

Baguette: Leider hat das, was viele deutsche Bäckereien unter diesem Namen führen, wenig mit einer echten Baguette zu tun; deutsches Baguette ist meistens nur ein in die Länge gezogenes Weißbrot. Die echte Baguette aber hat eine andere Teigführung, daher ist die Kruste äußerst kross und fest, das Innere des Brotes aber besonders zart.

Blanchieren kommt von dem französischen Wort »blanchir« für weiß machen. Z.B. wird Geflügel durch diesen Vorgang weiß. Zum Blanchieren werden rohe Nahrungsmittel in kochendes Wasser gegeben, in dem man sie 3–5 Min. aufwallen läßt. Der Zweck des Blanchierens ist unterschiedlich: Speck wird dadurch weniger salzig, Bries verliert Fett, Gemüse und Kräuter behalten ihre Farbe, streng schmeckende Wurzelgemüse werden milder. Tomaten, aber auch Pfirsiche, Mandeln oder Nüsse werden blanchiert und dann abgeschreckt, wenn man sie enthäuten will.

blindbacken: Teigböden werden blindgebacken, wenn auf sie ein Belag oder eine Füllung kommt, die nicht mehr gegart werden muß, oder so feucht und saftig ist, daß sie sonst den Boden aufweicht. Dazu den Backofen auf 200° C vorheizen (Gas Stufe 3–4), Pergamentpapier in der Größe des Bodens ausschneiden, weiße Bohnen oder Reis daraufgeben, um sie zu beschweren. Dann wird der Boden je nach Angabe, meistens ca. 15 Min. vorgebacken oder etwas länger ganz durchgebacken.

Bouquet garni: So nennt sich das in der französischen Küche unverzichtbare Kräuter- bzw. Gemüsebündel, das mitgekocht, -geschmort oder -gebraten wird. Es variiert in der Zusammensetzung. Wenn nicht anders vermerkt, ist die klassische Version gemeint: Sie besteht aus 1 Lorbeerblatt, 2 Stengeln Petersilie und 1 Zweig Thymian.
Die Varianten:
Zu Huhn/Truthahn: Petersilie, Frühlingszwiebeln, Thymian und Sellerie
Zu Lamm: Petersilie, Zitronenmelisse, Lorbeerblätter, Sellerie, Thymian
Zu Schwein: Petersilie, Lorbeerblätter, Thymian
Zu Rind: Petersilie, Lorbeerblätter, Majoran, Salbei

Zu dicken weißen Bohnen: Petersilie, Schnittlauch und Bohnenkraut
Zu Wurzelgemüse: Petersilie, Lorbeerblätter, Oregano und Thymian

Calvados: Nach dem Departement Calvados in der Normandie heißt dieser, aus Cidre gebrannte Apfelbranntwein. Weil er in Eichenholzfässern reift, hat er ein mildes, leicht vanilliges Aroma. In der normannischen Küche wird er nicht nur zur Parfümierung von allen möglichen Kuchen und Süßspeisen, sondern sogar zur Aromatisierung von Bries verwendet.

Claqueret: Er kann je nach Festigkeit des Käses mit oder ohne Crème fraîche zubereitet werden; die wird gegebenenfalls am Schluß untergerührt. Das Eau-de-vie, im Originalrezept ein Marc, also ein Tresterbrand, wird in gleicher Menge wie das Olivenöl und abwechselnd mit diesem eingerührt; der Schnaps macht das Ganze so lange haltbar. In manchen Rezepten kommt stattdessen oder zusätzlich Essig hinein, was aber weniger gut schmeckt. Selbst die einfachste Tresterbrand beschert hingegen dem Claqueret das unvergleichliche Aroma.

Court bouillon: Kein Franzose käme auf die perverse Idee, Fisch einfach in Salzwasser zu garen. Und auch Gemüse wird aromatischer in dieser sogenannten kurzen Brühe, also einer schnell zubereiteten Bouillon.

2 l Wasser
4 TL Salz
¼ Tasse Weißwein oder Weißweinessig
1 Karotte in Scheiben
1 Zwiebel in Scheiben
1 EL gehackte Petersilie
2 Lorbeerblätter
2 Stengel Thymian
einige Pfefferkörner
Die Zutaten werden in der Flüssigkeit ca. 1 Std. durchgekocht. Manchmal werden auch nur Lorbeerblatt, Wacholderbeeren und Pfeffer ausgekocht, zuweilen eine Knoblauchzehe dazugegeben.

Crème fraîche: Nicht mit dem deutschen Sauerrahm zu verwechseln und nicht durch ihn zu ersetzen. Crème fraîche schmeckt nußartig und nur leicht säuerlich und hat eine cremige Konsistenz. Längst ist sie auch in Deutschland überall erhältlich. Zur Saucenzubereitung ist sie unersetzlich.

Croûtes: In der Pfanne gebratene oder im Ofen bzw. über dem Feuer geröstete Brotscheiben. Am besten eignet sich eine Baguette dafür, die man schräg in nicht zu dicke Scheiben schneidet. Croûtes werden zum Garnieren von Suppen und Eintöpfen verwendet, aber auch – z.B. mit Knoblauchzehen eingestrichen – als Beilage gereicht.

Croûtons: Entrindetes gewürfeltes Weißbrot, daß im Fett herausgebacken und als Einlage serviert wird.

Fischfond: 1 kg Fischabfälle (Gräten, Köpfe und Schwänze) waschen, die Gräten zerteilen. In einem Topf Butter schmelzen, eine geschälte kleingeschnittene Zwiebel darin anschmoren, dann die Fischabfälle, 1 ½ l Wasser, 1 Bouquet garni (s. dort), 10 Pfefferkörner und ½ Flasche Weißwein zugeben und im offenen Topf ½ Std. köcheln lassen. Dabei immer wieder abschäumen. Durch ein Sieb gießen und kalt stellen. Man kann den Fond auch einwecken und sich so einen Vorrat zulegen.

Fleischfond, dunkel: 1,3 kg Kalbsknochen und 1,3 kg Rinderknochen im Backofen auf höchster Stufe ca. 20 Min. rösten, 2 geviertelte Karotten und 2 geviertelte Zwiebeln dazugeben, alles zusammen nochmals 30 Min. rösten, bis die Zutaten stark gebräunt sind. Knochen und Gemüse entnehmen, das Fett abgießen, alles andere in einen Suppentopf geben. Mit 5 l Wasser, 2 Bouquets garnis, 1 TL Pfefferkörner zum Kochen bringen und 5–6 Std. auf kleiner Flamme im offenen Topf köcheln lassen. Den Fond durchsieben und nach dem Abkühlen kaltstellen. Im Kühlschrank hält er sich 3–4 Tage, aber er läßt sich auch einkochen.

Fleischfond, hell: Hier werden nur Kalbsknochen verwendet und die werden ebenso wie das Gemüse nicht gebräunt. Ansonsten wie den dunklen Fond zubereiten.

Herbes de Provence: Provenzalische Kräuter, die auch in Deutschland überall als Trockengewürz im Handel sind. Besser schmeckt es natürlich, wenn man sich die Mischung im Frühsommer selber zusammenstellt, die Kräuter an der Luft, an den Stengeln aufgebunden, kopfüber trocknen läßt und im Mörser zerreibt. In Gläser abgefüllt ein preiswerter und exzellenter Gewürzvorrat für den Winter.
Klassische Mischung: 30 g Thymian, 30 g Rosmarin, 30 g Lavendel, 30 g Bohnenkraut, 30 g Quendel (wilder Thymian), 10 g Nelken, 20 g Lorbeerblätter, ½ abgeriebene Muskatnuß.

Hühnerfond: 1,5 kg Hühnerklein, 2 geschälte geviertelte Zwiebeln, 2 längs geviertelte Karotten, 1 in Stücke geschnittenes Herz von der Bleichsellerie, 1 Bouquet garni, 1 TL Pfefferkörner und 4 l Wasser in einem großen Topf aufsetzen und 3 Std. unter gelegentlichem Abschäumen köcheln lassen. Absieben, reduzieren bis der Fond kräftig schmeckt und kalt stellen. Er hält im Kühlschrank 3 Tage.

Kamin: siehe unter Schornstein

Laguiole ist ein Kuhmilchkäse, der aus einem gleichnamigen Dorf in der Auvergne kommt. Hergestellt wird er den Sommer über auf dem Hochplateau von Aubrac, und zwar in burons, in einfachen Sennhütten, die nur zur Produktion solcher hochwertigen Käsesorten genutzt werden. Er schmeckt ähnlich wie der Cantal, aber etwas milder. Am ehesten kann er durch einen Appenzeller ersetzt werden.

Marc: Branntwein aus dem Trester oder Treber, also den Schalen und Stielen der Trauben, den Rückständen der Traubenpressung. Er dient bei manchen Gerichten zur Aromatisierung, bei manchen zur Konservierung. Auch wenn heute ein guter Marc de Champagne oder Marc de Bourgogne ein teures Wasser für Kenner ist, war er ursprünglich ein billiger Schnaps für den Hausgebrauch der Winzer. Resteverwertung flüssig.

Olivenöl: Wie in der italienischen Küche ist auch in der französischen, vor allem in der südfranzösischen Küche das Olivenöl unentbehrlich. Wie das extra vergine in Italien ist in Frankreich das kaltgepreßte huile vierge aus der ersten Pressung vor allem für Salate und zum Aromatisieren kaum durch ein weniger qualitätsvolles zu ersetzen.

Persillade: Eine Mischung aus feingehackter Petersilie und Knoblauch; bestimmten Gerichten wird sie am Ende der Kochzeit zugegeben.

Schalotten: Eine kleine Zwiebelart, deren Geschmack an Knoblauch erinnert. In Frankreich werden zweierlei Sorten gezogen: solche mit rosa und solche mit grauer Schale. Hierzulande sind meistens nur die rosaschaligen erhältlich, die auch milder im Geschmack sind.

Schornstein: Pasteten mit einer Teigdecke, ob süß oder salzig, versieht man gern mit einem Schornstein, damit der aus der Füllung austretende Dampf entweichen kann und nicht die Decke zerstört. Heute wird er meistens aus ein wenig Alufolie gebastelt, die man zu einer Röhre rollt und in ein ausgeschnittenes Loch in die Teigdecke setzt.

Wasserbad (bain marie): Ein größeres Gefäß, z.B. eine Bratreine oder ein großer, nicht zu hoher Topf, in das ein zweiter kleinerer gestellt wird, um Saucen oder Cremes aufzuschlagen, die sonst klumpen oder anhängen. Wichtig ist, daß das Wasser kurz unterhalb des Siedepunkts gehalten wird.
Es gibt auch Wasserbadtöpfe mit doppelter Topfwand, wo das Wasser durch eine kleine Öffnung oben zwischen die beiden Wände gefüllt wird.

Rezeptregister

Agneau au romarin 176
Aïoli 200
Alicot 192
Aligot 147
Allobroger Suppe 56
Anchovisfladen 77
Apfelkranz 210
Apfelkuchen, gestürzter 204
Auberginengulasch 144
Auberginenkrone 131
Auberginenpaste, provenzalische 111

Bärlauchsalat 101
Bauernterrine 124
Béchamelsauce 196
Betterave rouge en salade 108
Beurre blanc 201
Blätterteig 118
Birnen in Rotwein 212
Bohnen auf bretonische Art 129
Brandade 151
Bretonischer Pudding 209
Brioche de Gannat au beurre de ciboulette 86
Buchweizenpfannkuchen 96
Butterkuchen nach Art der Charente 206
Buttersauce, weiße 201

Cabillaud boulangère 149
Caillettes aux blettes 180
Cassoulet 65
Caviar d'aubergines 111
Chou farci 169
Clafoutis 208
Claqueret 112
Côtelettes d'agneau au four 177
Cotriade de maquereaux 154
Cou d'oie farci 194
Couronne de pommes 210

Creme, verbrannte 213
Crème de laitue 49
Crème brûlée 213
Crêpes de sarrasin 96
Crique 139

Daube d'aubergines 144

Eier in Meurette-Sauce 89
Eier im Töpfchen mit Sauerampfer 91
Eier nach Dijoner Art 92
Eintopf aus weißen Bohnen 65
Eintopf bretonische Art 69
Eisenkrautlikör 216
Endiviensalat mit Speck, Geflügellebern und Ei 107
Entenlebermousse 183
Epinards en bouillabaisse 64
Erbsensuppe Saint-Germain 57
Essig-Öl-Sauce 202

Far breton 209
Feuilles de chou farcies 145
Fischauflauf 159
Fischpastete 118
Flagonarde 211
Fleischklößchen mit Mangold 180
Friséesalat mit gebackenem Ziegenkäse 99
Fritelle 207

Galette charentaise 206
Gänsehals, gefüllter 194
Gänseklein 192
Gänseklein-Terrine 122
Gänselieselsalat 98
Garbure 62
Geflügelleber-Terrine 120
Gefüllter Kohl 169

Gemüseeintopf nach Art der Gascogne 62
Gemüsetopf, provenzalischer 137
Geriebener Teig 71
Gestürzter Apfelkuchen 204
Glace au miel 215
Gratin de racines d'hiver 143
Gratin von Zucchini, Tomaten und Zwiebeln 142
Gratin de morue aux épinards 153
Gratin von Winterwurzelgemüse 143
Gratin dauphinois 133
Gugelhupf mit Räucherspeck 88

Haricots à la bretonne 129
Honigeis 215
Huhn mit vierzig Knoblauchzehen 185
Huhn auf baskische Art 189
Huhn mit Estragon 191
Huhn nach Art von Heinrich IV. 186

Jarret d'agneau en gasconnade 178

Kabeljau aus dem Ofen 149
Kalbsnieren nach Art von Baugé 173
Kapuzinerkresse, gefüllte 103
Karottenpüreesuppe 60
Kartoffel-Zwiebel-Brei »Soubise« 148
Kartoffelauflauf mit Käse 133
Kartoffelpastete 115
Kartoffelpfanne mit Münsterkäse 126
Kartoffelpuffer nach Art der Ardèche 139
Kartoffelpüree mit Käse 147
Kartoffelsuppe Parmentier 45
Käsebrioche mit Schnittlauchbutter 86
Käsetorte 71
Kig ha farz 69

Kirsch-Eier-Speise 208
Klippfischpüree 151
Knoblauchsauce 200
Knollensellerie-Schnee 141
Kohl, gefüllter 169
Kohlrouladen 145
Kopfsalat, geschmorter 136
Korsische Krapfen 207
Kougelhopf 88
Krapfen, korsische 207
Kräuterkuchen 82
Kräutersuppe 59
Kressesuppe 48
Kuglhupf aux lardons 88
Kürbissuppe 43
Kutteln nach Art von Caen 164

Laitues braisées 136
Lammhachse mit Sardellen, Knoblauch und Tomate 178
Lammkoteletts aus dem Ofen 177
Lammnieren in Minze 174
Lammschulter mit Rosmarin 176
Langue de bœuf aux cornichons 171
Lauch und Kartoffeln als Püree 140
Lauchroulade mit Birnen 127
Liqueur de verveine 216
Lisettes aux aromates 156
Lothringer Speckkuchen 75
Löwenzahnsalat mit Speck 106

Makrelen mit Kräutern 156
Makrelen mit Stachelbeeren 158
Makrelen auf bretonische Art 154
Maquereaux aux groseilles à maquereau 158
Maronensuppe 55
Meeraal-Suppentopf 67
Merlu à l'estragon 163
Milchsuppe 53
Mohntorte 79
Morue sèche provençale 150
Mourtairol 50
Mousse de foie de canard 183

Neige de célerie boule 141
Obstauflauf 211
Œufs en cocotte à l'oseille 91
Œufs à la neige 214
Œufs à la dijonnaise 92
Œufs en meurette 89
Oignons à la niçoise 102
Olivenpaste mit Kapern 109
Omelette provençale 94
Omelette baveuse 93
Omelette, provenzalische Art 94
Omelette, klassische Art 93
Osterpastete aus dem Berry 113

Papeton d'aubergines 131
Paprika-Omelette 95
Pastetenteig 124
Pâte brisée 71
Pâté de poisson 118
Pâté de Pâques du Berry 113
Pâté de jambon 116
Pâté de pommes de terre 115
Paupiettes de feuilles de capucine 103
Petit salé aux lentilles 167
Pied-paquets 175
Pieds de porc à la Sainte-Menehould 181
Pikante Käsespeise 112
Pipérade 95
Pissaladière 77
Pissenlits au lard 106
Poires au vin rouge 212
Pommes de terre coiffées de Munster 126
Potage au cresson 48
Potage Parmentier 45
Potage à la citrouille 43
Potage purée d'herbes 59
Potage Saint-Germain 57
Potage des allobroges 56
Potée Crecy 60
Potée de congre 67
Poule Henri IV 186
Poulet sauté à l'estragon 191
Poulet basquais 189
Poulet aux quarante gousses d'ail 185
Provenzalische Auberginenpaste 111
Provenzalischer Gemüsetopf 137
Provenzalischer Spinateintopf 64
Pudding, bretonischer 209
Purée de poireaux aux pommes de terre 140
Purée Soubise 148
Püree von Lauch und Kartoffeln 140

Quiche au fromage 71
Quiche lorraine 75
Quiche touloise 79

Ratatouille 137
Ratio 52
Rinderzunge mit Gürkchen 171
Rognons de veau à la Baugé 173
Rognons d'agneau à la menthe 174
Rote-Bete-Salat 108
Roulade de poires et de poireaux 127

Safransuppe 50
Salade d'endive frisée au cabridou grillé 99
Salade lyonnaise 197
Salade Ganzaliesl 98
Salade de crosnes 100
Salade d'ail d'ours 101
Salat von Knollenziest 100
Salatcremesuppe 49
Salbeilikör 216
Sardinen in Weinblättern 162
Sardines aux feuilles de vigne au persillade 162
Sauce mousseline 198
Sauce Béarnaise 199
Sauce Soubise 197
Sauce Béchamel 196
Sauge 216
Savoyer Suppe 41
Schafskutteln, gefüllte 175

Rezeptregister

Schinkenpastete 116
Schnee von Knollensellerie 141
Schnee-Eier 214
Schweinebauch mit Linsen 167
Schweinsfüße nach Art von
 Sainte-Menehould 181
Seehecht mit Estragon 163
Soufflé au poisson 159
Soupe au lait 53
Soupe bourguignonne 42
Soupe savoyarde 41
Soupe au sarrasin et au lard 61
Soupe aux marrons 55
Spinateintopf, provenzalischer 64
Stockfisch, überbacken auf
 Spinat 153
Stockfisch- oder Klippfischpüree 151
Stockfischgericht auf provenzalische Art 150
Suppe, Savoyer 41
Suppe, Burgunder Art 42
Suppe mit Speck und Buchweizen 61
Suppe nach Art der Allobroger 56
Suppe mit Zwiebeln und Knoblauch 52

Tapénade 109
Tarte aux herbes 82
Tarte Tatin 204
*Tarte mit Ziegenkäse und
 Krautsalat 84*
Tarte à l'oignon 74
*Tarte au fromage de chèvre et
 salade de chou vert 84*
Terrine de campagne 124
Terrine de foie de volailles 120
Terrine d'abats d'oie 122
Terrinenbacken 125
*Tian de courgettes, tomates et
 oignons 142*
Tomaten-Knoblauch-Suppe 51
Tourin 51
Tripes à la mode de Caen 164

Verbrannte Creme 213
Vinaigrette 202

Weiße Buttersauce 201
Winterwurzelgemüse-Gratin 143

Zucchini-Tomaten-Zwiebel-Gratin 142
Zwiebelkuchen 74
Zwiebelsalat 102

BILDNACHWEIS

Die Fotos stammen von:

Ulrich Kerth, München (S. 11, 26, 54, 170, 182, 194);
Dorothea Lüderitz, München (S. 160);
StockFood: Gerrit Buntrock (S. 14) – S. & P. Eising (S. 18, 38, 66, 83, 114)
 – Bodo A. Schieren (S. 31) – Stephan Clauss (S. 146);
Christian Teubner, Füssen (S. 23);
Martin Thomas, Aachen (S. 44, 58, 72, 90, 109, 128, 138, 157,
 165, 179, 190, 200, 205).